井上梅次

Umetsugu Inoue

創る心

編・著　一般社団法人 井上・月丘映画財団

目次

『窓の下に裕次郎がいた　映画のコツ人生のコツ』（昭和62年刊）

平凡にして非凡
簡潔にして充実
質実にして贅沢

（井上の手帳より）

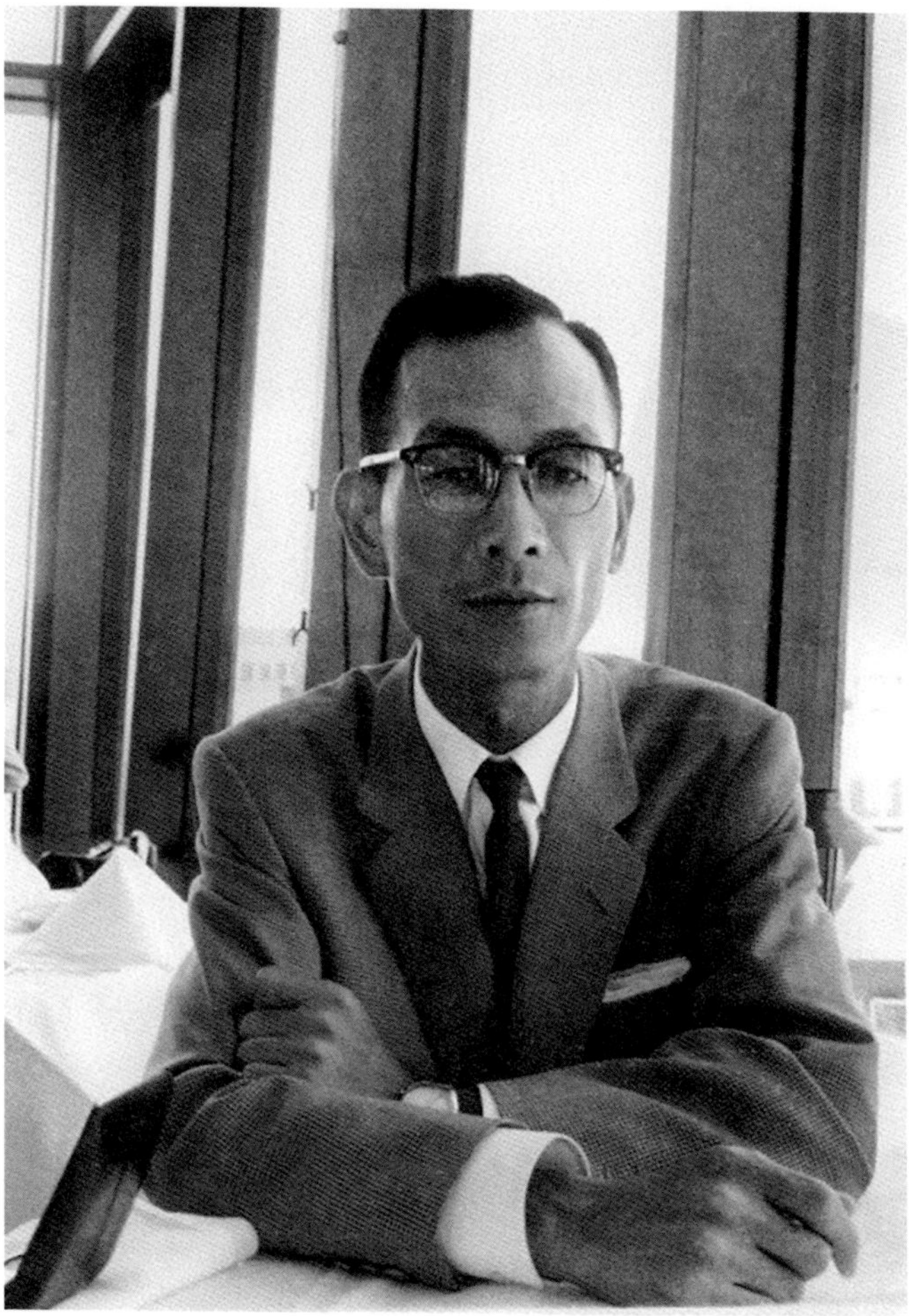

プロローグ

日本の映画産業が最も勢いがあった昭和30年代、映画監督の井上梅次はたくさんの映画にかかわりました。

井上は新東宝から日活を経てフリーになって多様な娯楽映画を作り、その後香港映画も手掛け、生涯の監督作品は116本に及びます。そのほかにも

150本以上のテレビ番組の演出や舞台の演出も手掛けました。

妻であった女優月丘夢路とともに、自分たちを成長させてくれた日本の映画、演劇界に恩返しをし、その発展のために役立ちたい、という井上梅次と月丘夢路の強い願いによって、一般財団法人 井上・月丘映画財団が設立されました。

両名の関係資料を保存・活用し、優秀な人材の育成等の諸事業を行うことにより、日本映画・演劇の普及と発展、ひいては日本文化の向上を目指すとともに、映画・演劇を通じ国際的な交流の実現を目指しております。

井上は、その製作過程の合理性を評価されていましたが、高齢になり一線を退いてからは、自らの作品の脚本・台本を1作目から116作目まで厚表紙の冊子に製本したものを、2部ずつ作成しました。

そして、世田谷の自宅の書斎には、膨大な書籍も残されていましたが、書棚にはたくさんのスクラップブックがありました。作品ごとに分類され、ナンバーをふられたそのスクラップブックには、宣

伝パンフレットや、スチール写真、撮影時のスナップ写真、取材を受けた新聞や雑誌の記事が、紙名、誌名、日付までわかるようにして貼られていました。実際に使った手書きの絵コンテや、映画関係者・俳優からの手紙もありました。井上の遺品を整理するまで、このようなものがあることを知りませんでした。ほかにも大量のベータ版のカセットも残されていました。

几帳面に整理されたこれらの資料は、映画製作の過程や社会に与えた影響を知る大変貴重なものだと思い、これらをきちんと残すことが私と財団の使命だと考えるようになりました。井上からはこうしてほしいという具体的な希望や指示などはありませんでしたが、テレパシーのように井上の思いを受け取った気がしています。

井上は、製作現場に子供が来るのを禁じていましたが、母、月丘夢路が交通事故で重傷を負い、入院した際、私は6歳で小さかったので、富士山のふもとのロケ先に3泊させてもらったことはあります（1966年『恋と涙の太陽』）。若手の俳優さんたちに遊んでもらったり、ヘリコプターに乗せてもらったりと楽しかったのですが、撮影現場を観察する余裕はありませんでした。

高校生のとき、学校の行事で映画の撮影現場を見学することがあり、大船撮影所に行きましたが、あちこちに井上組と書いてあり、大勢のスタッフがきびきびと動いているのを見て、初めて映画製作の規模の大きさ、大変さを垣間見た記憶があります（1973年『男じゃないか・闘志満々』）。

井上は、家で10人以上のスタッフと打ち合わせをよくしていて、私はもちろんそばにはいきませんでしたが、時に怒号が飛ぶこともあり、その真剣さに思春期の私は、近寄りがたさを感

じることもありました。

仕事に厳しかった井上ですが、母と私のことをとても大事に思っていてくれて（そのエピソードはエピローグに）、大変感謝しているとともに、子供である私と財団が井上の残した作品と資料をきちんとした形で後世に残していくことが、これからの仕事だと思っております。

生誕100周年に、国立映画アーカイブでの「月丘夢路 井上梅次 生誕100年祭（仮）」や記念碑、そしてこの本など、井上梅次の軌跡を一度整理したことにはなりますが、それはまだ道半ばで、今後、井上の作品を世に知らしめ、ますます映画界への貢献に努めてまいります。

尚、この本は、井上の著書『窓の下に裕次郎がいた』を下敷きに、スクラップブックに残されていた原稿類、取材記事や、俳優さんたちの伝記、日活や映画会社、映画に関する書籍を元に製作されています。

「創る」に生涯を捧げた井上の製作過程が少しでも伝われば幸いです。

一般財団法人　井上・月丘映画財団　代表理事　井上絵美

第一章
星《スター》を生み、嵐を呼んだ眼力とセンス

11本の助監督を経て、28歳で監督になった井上梅次は、スター不足に直面していた。日活が邦画製作を再開する際に、俳優、スタッフの引き抜きを行ったことで結ばれた五社協定のために、世間に名の知られたスターを使うことが困難になっていたためだ。

新しい時代を感じさせる新たなスターが求められた。井上はこれまでの評価に囚われず次々と新しい才能を見出して起用、売り出すための適切な役柄を与え、時には名前までつけてスターに育てていった。脚本も自ら手がけ、ヒット作を次々と生み出す井上の手腕がなしえた業績と言えよう。

『素晴しき男性』（1958年　©日活）撮影時のスナップ

石原裕次郎
窓の下に裕次郎がいた

日活の製作責任者・江守清樹郎常務に「売れるスターが足らんのだ、やってくれ、任せる」と託された井上は、水の江滝子プロデューサーが連れてきた石原裕次郎の大きな可能性を見抜き、次々と作品に起用、大ブームを巻き起こした。

『火の鳥』で相手役未定の時、撮影所の二階から、窓の下を肩を揺らして歩く裕次郎を見て、「あんなガラの悪いのは駄目だ！」と一蹴したというのが当時の助監督舛田利雄の記憶だったが、『月蝕』に出演させ、その魅力を引き出していく。

彼は戸惑いしている様子であった。私も撮影現場でその素人芝居を眼の前に見て、果たしてこの男を娯楽映画のスターとして売出せるか、まったく自信がなかった。

しかしクランクアップ間近になって出来あがってきた斉藤耕一君（中略）の一枚のスチール（注・左ページ）を見て眼を見張った。（中略）ボリュームがあった。現代的でスマートであった。力に溢れていた。（中略）間違いもなく将来の映画界を背負って立つ男であった。

『月蝕』（1956年　©日活）共演の月丘夢路と

映画音楽に新しい試み『月蝕』

撮影前に録音を終わり、その音楽をかけながら俳優の演技が撮影された。（中略）「音楽に合わせてお芝居を進めるんでやっぱり神経を使う」と異口同音に語る。テストをいくら慎重に繰り返してもNGが続出し、井上監督はフィルムの節約に一苦労。石原慎太郎がこのセットを訪問したときに、例によって「一カットでもいいから出演させてくれ」と頼んだが「厳密に計算してある時間が狂うといけないから」という理由で断られるという一幕もあった。（読売新聞　昭和31年12月17日夕刊）

■石原裕次郎プロフィール

1934年12月28日〜 1987年7月17日

兵庫県神戸市須磨区大手町生まれ

湘南で育ち、高校時代はバスケットボールの選手。1956年、兄・慎太郎が書いた小説の映画化作品・日活『太陽の季節』でデビューし、一躍スターに。1958年『嵐を呼ぶ男』は空前のヒットで裕次郎ブームを巻きおこす。代表主演作に『狂った果実』『陽のあたる坂道』『あいつと私』『銀座の恋の物語』『赤いハンカチ』など。1960年北原三枝と結婚。次第にアクション物を離れ、1963年石原プロ設立後は製作も手がける。1972年『太陽にほえろ!』以来活動の中心はテレビに。歌手としてもヒット曲多数。1990年映画殿堂入り。1997年昭和を代表する三大スーパースターの一人として郵便記念切手となる。

（出典　日外アソシエーツ『20世紀日本人名事典』2004年刊）

『勝利者』（1957年　©日活）喫茶店のシーン。井上と石原、北原三枝

この撮影中に裕次郎の個性の魅力をはっきりと摑めたエピソードがある。

二人の初デートシーン。裕次郎が喫茶店でマコちゃん（北原三枝の愛称）を待った。（中略）台本に「コーヒー」とあるが、それでは面白さが足りない。私はとっさに、「コーヒー」を「水」に変えた。

（中略）

テストしてみるとなかなか面白い。しかし彼の持ち味を出すためには、ウエイトレスにオーダーを聞かれて、「……（無言）」――この最初のためらいを止めて、いきなり「水」と言ったほうが彼らしくて面白い気がした。

そうやってもらうとスタッフはどっと笑った。いままでかゆいところになかなか手がとどかない彼の芝居にいらいらしていた私は、目がさめる思いで、

〔これだ！〕

と思った。

〔通俗芝居を押し付けるより、地を生かしたほうがこの男ははるかに生きる！……〕

それ以来、手をとり足をとる演技指導を改め、無理に芝居を強要せず、彼の味を誘い出す方法に変えた。封切後も喫茶店のシーンとなると、館内にどっと爆笑がおこる。観客もまたこの若者のみずみずしい個性を発見したのだ。

（ボクシングシーン撮影のエピソードは50ページに）

『嵐を呼ぶ男』（1957年　©日活）劇中歌『嵐を呼ぶ男』作詞　井上梅次、作曲　大森盛太郎

この映画のなかでドラム合戦が重要なシーンとなる。

その前夜、拳をいためた裕次郎が、ドラム合戦中に痛みのためドラムが叩けず、やむをえず唄い出すのだが、私の頭のなかではセリフがはいったパンチのきいた歌がほしかった。

映画界は技術と美術に関するあらゆる組織を持っているが、音楽と踊りに対しては外部の力を借りざるを得ない。「映画には必ず歌と音楽を」というのが、「映画は大衆のもの」と考える私の持論なので、この歌の作詞、作曲をテイチクに依頼した。先の『鷲と鷹』も各社に依頼して断られたが、すでにこのとき裕次郎はテイチクと専属契約していた。

ところが、

「なに、ドラムを叩きながら唄う？……そんなことができるか！……セリフを入れろ？――そんなものが売れるわけがない」

まったく相手にされなかったが、これがかえって幸いした。

（中略）

封切中、映画館で日活宣伝部がソノシート（ビニール製の代用レコード）を一枚四十円で売ったら、「俺らはドラマー」のメロデーを口ずさみながら出て来る客が争って買ってくれた。

シネマスコープの大型画面からはみ出さんばかりの石原裕次郎の破壊的エネルギー！　ライバルに利き腕を負傷させられた裕次郎のドラマーが、ドラム演奏中に、スティック片手に「♪おいらはドラマー」と唄い出すシーンの衝撃。これぞ映画、これぞエンタテインメント！　卓抜なアイデア、一流ジャズメンのバックアップによる演奏シーンの充実、そしてアクション！『勝利者』『鷲と鷹』で裕次郎をスターダムに伸し上げた、娯楽映画の才人・井上梅次監督のサービス精神溢れる、日活映画の代表作！　佐藤利明（娯楽映画研究家）

『嵐を呼ぶ男』デジタルリマスター版の日活ＨＰの解説文。

『夜の牙』（1958年　©日活）

忘れもしない、クランク初日は午前中打ち合わせと準備、午後出発して神宮球場地下の夜間ロケであった。その打ち合わせ中にまたしても「三橋達也行方不明」の報が入った。

（注：主役の三橋達也が、裕次郎がトップの宣伝ポスターに怒り、降板）

　私も所長も、再び青くなった。もう間に合わない。

（中略）

　私の頭に一つの案が閃いた。

「任せてもらえますか」

「ああ、どうする？」

「ファンファン（岡田真澄君の愛称）いますかね……家にいなかったら皆で探して連れてきてください。三橋の役を裕次郎で、裕次郎の役をファンファンで行きます」

（中略）

　こんな方法で撮影を続けたおかげで、正月三ガ日も働くつもりが、撮影実数十七日、暮の三十日正午のサイレンが鳴ってから約十分後に、クランク・アップした。

「おつかれさま！」

　スタッフ一同の声がセットに響くなかで、私は思わず涙ぐんだ。不可能に挑戦してやりきった男の涙であった。

（中略）

『夜の牙』の映画評にこんなのがあった。

　洋風の筋書きの中に落語か時代劇の持ち味を送り込んだのが特徴である。キャストの変更が途中であったらしく、配役に無理があるが、正月用娯楽作品としてはまずまず及第のアクションスリラー。

（中略）

　また、こんなのがあった。

　前作『嵐を呼ぶ男』より速製なのが難
　愚かなことを言う。まったく「創る」苦しみを知らない。この作品は速製を使命として作られ、私はやりとげたことを誇りとし、しかも大作とはいえないまでも拙速と見せないように必死に内容を充実させたのに……。（主役交代と裕次郎の流感に関するエピソードは58ページに）それ以来、私は映画評には目を通さなくなった。

『明日は明日の風が吹く』（1958年　©日活）

裕次郎が随筆を書いた。そのタイトルを見た瞬間、私は江守常務に電話した。

「ゴールデン・ウイークは『明日は明日の風が吹く』――これでゆきましょう」

（中略）

裕次郎には知性がある。そして、庶民性も。私はこの二つを結びつけたかった。

（中略）

そこで教養あるサラリーマンにして、祭の日となると粋な鉢巻き・半纏姿で神輿を担ぐ血の気の多い青年――こんな二面性を強調した。

才気あふれる井上手法

ナゾ、女、闘争　快適なスリラー

井上手法のすっきりした娯楽性の支えと石原のカナメに座した強みはやはり争えぬ。

（フクニチ　鑑賞手帖）

井上梅次は、ミュージカルに秀でた監督だが、スリラーもまたうまく語れる監督である。（中略）『嵐を呼ぶ男』という、これもミュージカル的な場面の魅力を多量に織込んだ作品の次に、彼がつくった『夜の牙』では、彼に彼の才能の表現をスリラーに求めている。

（日刊スポーツ　関西　昭和33年1月18日）

注：「明日は明日の風が吹く」は文藝春秋1958年3月号に掲載された同名のエッセイと思われる。（日活Hpには平凡連載とあるが、確認できなかった）

その中で裕次郎は、「この世界に長い間いたいとは思わない。だいいち映画俳優なんて、あまり名誉な商売じゃないものな。」といいつつ「生憎といまこの稼業をやめる気は毛頭ない。まだ二十三歳だからね、ボクは。あと三、四年この世界でブラついたって、別に取り返しがつかないという年でもないだろう。それに（中略）こんなボロイ商売はおいそれと捨てられるもんじゃない」と述べている。

裕次郎映画は今までに三十五億円かせいだという。この大部分は監督井上梅次・主演石原裕次郎のコンビによって生み出されたものだ。裕次郎の方でも、こと仕事に関しては同監督に心服しきっている。（中略）

井上監督は裕次郎の人気の秘密をこう解釈している。「もちろん本人のおよそスターという概念からはみ出した型破りの魅力も見逃せないが、その出演作品が今までの日本映画になかったダイナミックなもので、それが激しさを求める現代とジャスト・ミートしたことが非常に大きい」

（中略）

「彼は人気になんてものにはこだわらない性格だし、芝居もグッとうまくなってきているので、今後は、今まで通り地のままでいいが、その上に〝計算された〟演技を勉強して太く長く続く俳優になってもらいたいと思っている」（当り屋のかげに　昭和33年6月15日）

写真『素晴しき男性』(1958年　©日活)

井上梅次監督
学校の先輩であり、スクリーンの上の育ての親でもある。
非常に鋭い方だと思う。感度の高いオールウェーヴのような方。映画人二年生のボクがいうのは生意気かもしれないが、いわゆる「映画を知っている」方だと、つくづく敬服している。メロドラマ、アクション・ドラマ、ミュージカル、なんでもこの方の手にかかると、垢抜けがして、スピーディで、必ずおもしろい。
(中略)ボクが、自分では知らずに持っているものを、グイグイと引き出してくださる。ホーム・ルームで毎朝顔を合わせる、受持ちの先生。(『わが青春物語』石原裕次郎　1958年　東西文明社刊　より)

撮影中に週刊誌の取材に答えて井上はこう語る。

「モダニズムとバーバリズムが同居するこの男を、わたしはマチスの作品に見立てた。そこから大衆にアピールする可能性をシボっていったのが、今の裕次郎ということになる。しゃれっ気とエネルギーのおういつした力強さ——といってもスーパーマンでない〝隣のお友達〟を連想させる親近感にポイントをおいて、配役と企画を立てた」

映画短評
井上梅次監督は前からミュージカルに色気がある。いつも現代やくざばかりではつまらない。歌と踊りと、そして装飾的で様式的な背景のなかへ、この強烈な個性をはめこんでみよう。裕次郎の新しい魅力が発見できるだろう。製作者たちはそう考える。こうして裕次郎主演のミュージカル映画が生まれる。ニッポン映画がミュージカル形式を採用しだしてから随分になる。だが多くの場合、彼らはほんの歌謡映画にすぎなかった。物語の中に舞台があって、歌い手が歌い手として歌う。これではどうにもならない。井上梅次はさすがに、こういうちゃちな真似はやらない。
(中略)
舞台監督の裕次郎が奈落の休憩時間に、自分の構想にあるミュージカルを座員たちに説明して聞かせるという形式をとった部分も着想はいい。従来の歌謡映画から一歩進んだ本格的な構成を持っている。(中日新聞　昭和33年7月10日)

それまでの日本映画は美男美女の恋物語であった。庶民にとって映画の主人公は、憧れであるとともに遠い存在だったのだ。

そこにまことに足の長い、恰好いい若者が身近な存在として登場し、大衆は彼に自分の分身を見る思いがした。

エリートの牛耳る現在社会で、秀才肌にはおよそ縁遠い裕次郎の庶民性に無類の愛着を覚え、その人気は爆発したのだ。(裕次郎売出し㊙作戦　井上梅次　より)

『三つの顔』(1955年　日活)ロケ現場に訪れた浅丘と

浅丘ルリ子
感性のきらめき

昭和二十九年、読売新聞連載劇画『緑はるかに』の主役少女を全国から募集し、二千名の応募者のなかから水の江たき子プロデューサーが選んだのが、この少女。

当時、十五、六歳だったと思う。本名、浅井信子――この少女を私は「浅丘ルリ子」と名付けた。素晴らしい芸感の持ち主で、デビュー当時からほとんど教えるということがなかった。

台本を読んですぐ、役の性格や、シーンごとの芝居の軽重を充分知ってしまう驚くべき娘であった。

「そこで、されるがまま、腰に届くくらいの長い髪を勝手にバッサリ切られて、カメラテストをしたら、『この子しかいない!』って私に決まったの」(『中山秀征の語り合いたい人』第38回ゲストの浅丘談　女性自身2015年)

オーディションでは、原作の挿絵を描いていた中原淳一の強い推薦があったという。その中原が浅丘をモデルにしてプロデュースした写真がジュニアそれいゆに掲載され、そのときの髪型がルリコカットと呼ばれ当時の女性たちのあいだで流行した。(徹子の部屋2021年2月2日)

『緑はるかに』（1955年　©日活）原作の挿絵が大人気だった「それいゆ」主宰、中原淳一のデザインした衣装も評判になった

『十七歳の抵抗』を撮ったときである。

（中略）

途中でカットを割って、目薬で涙を入れてから次のカットを回すのが通例だが、彼女はテストから目薬なしで、自分の涙でやった。セリフをしゃべりながら涙がどんどん出てくるのだ。

　私はその感性の豊かさに舌を巻きながら、喜んで一カットで回した。カメラマンも私にささやいた。

「おそろしい少女ですね……」

（中略）

芸能界に入って、水を得た魚のように生き生きとして、いかにも芝居を楽しんでいるように見えた。

（中略）

こましゃくれた勘の良さも、逆に演技の邪魔になる場合が多くて、子役がそのままスターに成長することは難しいとされている。

　ところがルリ子は子供のころから整ったマスクをしていたから、すぐ令嬢役がやれた。そして令嬢役をやりだしたとたんに、人妻役をやる力量も備えてしまった。

（中略）

　たえずトップの地位を占めてきたのは、隠れた努力もさることながら、やはり天性の演技力のせいだろう。

（中略）

　デビュー以来十数本いっしょに仕事をした。まったく他人とは思えない懐かしい人である。変にマスコミに便乗しようとしない態度も好きだ。いつも幸せを祈っている。


（浅丘ルリ子特別寄稿は96ページに）

『緑はるかに』撮影時のスナップ。「とにかく夢中だった」と後年、浅丘は語っている

彼女の二十五歳のころ、雑誌に次のようなメッセージを書いた。

瞳の大きい、素晴らしく勘のいい十六歳の少女でした。私は主人公の役名をとって浅丘ルリ子と名付けました。

目薬なしで涙を流し、歌も巧みにこなして私たちを驚かせたこの少女も、今では娘から人妻、妖婦役まで何でもこなすベテランに成長しました。

おそらくこの十年間、彼女にもいろいろ人生の波がおしよせて、それを乗越えて成長してきたようです。

（後略）

■浅丘ルリ子プロフィール
1940年7月2日～
中国　長春生まれ
日活映画『緑はるかに』（1955）のヒロイン役オーディションに応募し、約2000人の中から選ばれて、14歳で銀幕デビュー。小林旭の『渡り鳥』シリーズや『流れ者』シリーズ、石原裕次郎の相手役として『銀座の恋の物語』『憎いあンちくしょう』（ともに1962）などに出演。看板女優として一世を風靡し、日活の黄金期を支えた。日活退社後は、『男はつらいよ』にシリーズ最多となる4度の出演を果たし、マドンナ・リリー役を演じた。38歳で初舞台を踏んで以来、舞台作品にも積極的に出演している。近年の出演映画に『博士の愛した数式』（2005）、『ジーン・ワルツ』（2011）、主演作『デンデラ』（2011）などがある。私生活では、俳優・石坂浩二と71年に結婚、2000年に離婚している。2002年に紫綬褒章、2011年に旭日小綬章を受章した（映画.comより）

『結婚期』（1954年　東宝　クレインズ・クラブ）鶴田が興したクレインズ・クラブは戦後の俳優の独立プロダクション第一号だった

鶴田浩二

律儀の味

■鶴田浩二プロフィール

1924年12月6日～1987年6月16日
静岡県浜松市生まれ
関西大在学中に海軍に入隊。海軍少尉を経て戦後、高田浩吉劇団入団。昭和23年松竹の『遊侠の群れ』でデビュー。1949年、『フランチェスカの鐘』で初主演。佐田啓二、高橋貞二と共に松竹『青春三羽烏』と謳われヒットを連発。
のち東宝、東映で二枚目スターとして活躍した。代表作に『雲ながるる果てに』『人生劇場・飛車角』など。歌手としても『傷だらけの人生』などのヒット曲がある。本名は小野栄一。
（出典　講談社デジタル版 日本人名大辞典 +Plus）

『夜霧の決闘』（1959年　©TOHO CO., LTD）

鶴さんは根から映画で育った人、どんなに〝かけもち〟してもセリフはバッチリ覚え、しかも台本は脚本家、演出は監督の領分と決めこんでいるから、ぜったいに台本はいじらない、現場の演出に口を出さない、まったく律儀なひとであった。

夜霧の決闘

日活を去ってフリーになった井上梅次監督が「ジャズ娘乾杯」以来五年ぶりに宝塚映画でメガホンをとる「夜霧の決闘」（中略）東宝「結婚期」以来六年ぶりで井上監督と組むという鶴田は、記憶喪失という異色の役どころを得て、（中略）

また井上監督は「なんだか故郷へ帰って仕事をしているようでね、しきりに胸がハズむんですよ。ただアクションによって見た目の楽しさを追うものであってはつまらないので迫真性のあるものにしたいと思っています。さいわい他社では望み得ないほどの理想的キャストに恵まれてハリキリ甲斐がある。フリー第一作のことでもあり気合のこもった作品に仕上げるつもりです」と語っていた。（サン写真新聞　昭和34年9月28日）

『暗黒街最後の日』（1962年　©東映）観覧車のシーンで三國連太郎との緊迫のシーン

娯楽作品でこの劣勢を挽回しようとした所長・岡田茂氏（元東映社長）の招きで、鶴田浩二主演『暗黒街最後の日』を撮ることになった。

（中略）

検事役に大川社長は三國連太郎を指名された。

私も連ちゃんとは日活以来の仲である。出てもらいたいのは山々だが、彼と鶴さんとは犬猿の仲である。（中略）仲の悪い二人に共演してもらうのは、現場スタッフとしては大変なことであった。

（中略）

クランク初日は後楽園遊園地の観覧車に乗った鶴ちゃんと連ちゃん二人だけのシーンである。

（中略）

主演者二人を乗せると、カメラマンと監督しか乗れない。私がレフ（太陽光線を反射させるために銀紙を貼った板）をもった。

（中略）

何度かのテストのあと、ゴンドラがバックの眺めのいい高さに昇ったのを見て私は、

「ヨーイ――ハイ」

をかけたが、連ちゃんのセリフがうまくゆかず次々とNGになる。

（中略）

そして何度やってもNG。

（中略）

とうとう諦めて、カットを割って撮影したが、終わって鶴さんが私に言った。

「梅ちゃんよ、クランクの初日からどうして仲の悪い男を二人きりにするんだよ、もっとまともなスケジュールを組め！」

私が助監督に怒鳴りたいセリフであった。

松竹とフジテレビで鶴田浩二をキャップにした空港警察もの「大空港」が企画され、久しぶりに彼と仕事をすることになった。

（中略）

映画で育った俳優とテレビ出身との違いであろう。「大空港」の空港警

察で、一カットのなかでメンバーが次々と発言するシーンであった。

（中略）

鶴さんがまとめの意見を述べるのだが、三回のテストの後で本番となると、鶴さんが昔かわらぬ例の調子で、

「ちょっと待った」

と声をかけた。全員なにごとかと鶴さんを見る。

「お前のセリフの語尾だよ。三回とも語尾が違う。次は俺だ、それじゃ俺のセリフが出ない。どれで行くんだ、はっきりしてくれ」

（中略）

「お前一人で芝居をやってるんじゃないんだぞ」

（中略）

「よしわかった。監督本番どうぞ」

推敲を重ねた台本のセリフを尊重するか。自分の持ち味を大事にするか、難しい問題だが、私は原則として、劇場映画は前者、テレビ映画は後者をとっている。

（中略）

私は土曜ワイド「明智小五郎」シリーズを撮った後、「大空港」には戻らず、前から誘いのあった他番組に移ることになった。

鶴さんに了解をとりにいくと、彼は怒った。

「そんなことは許さん、お前がやらないなら俺も降りる（後略）」

と言ってきかない。

「なるべく早く戻って来る」

とごまかしたが、その信頼が嬉しかった。


『暗黒街最後の日』のヒットで坪井製作本部長が私を大川社長のもとに連れて行った。社長は映画のできばえを大いに褒めてくださったが、本部長が口をはさんだ。

「社長、あまり褒めるとギャラがあがります」

私は即座に言った。

「私は十二分に働いて、十分のギャラをいただく主義ですので」

社長はわが意を得たという表情で大きく笑っておっしゃった。

「それだよ、この世界はそれだ！」

赤木圭一郎
虚実の冠

〝第三の男〟――この言葉が私に強く響いて、帰るなり日活のニュー・フェイスに次々と会った。裕次郎や旭ほどの大型ではないが、品のいい、知的な青年が目に止まった。

（中略）

「趣味は何？」

私は音楽とスポーツのできない人は、芸能界では伸びないと思っていたので、こう聞いた。

遠くに視線を置いたこの青年から意外な返事が戻ってくる。

「海を見ることです」

（中略）

そう言う青年の目には哀愁がこもって、魅惑的であった。どこか甘さがあり、何よりもマスクがいい。

私は決めた。

〔第三の男はこれだ！〕

（中略）

当時慶応に「赤木」というピッチャーがいた。姓を「赤木」名は裕次郎の三文字にあやかって「圭一郎」とつけた。

（中略）

間もなく私は日活を去ったが、その後彼は文字通り「第三の男」として、日活無国籍映画に主演して人気が急上昇していく。

私は日活アクション映画の元祖のように言われるが（中略）無国籍映画は嫌いである。

（中略）

もともと私は、

〔赤木圭一郎はジェームス・ディーンになる人――〕

と思っていた。（後略）

（中略）

まったく彼のこの事故は、

〔スターという虚実の冠に、海の好きな、青年が敗北した〕

こんな気がしてならない。

『激流に生きる男』撮影中の事故で21歳の若さで死去した赤木圭一郎の遺作。生前撮影された『激流に生きる男』の未完成のフィルムと関係者のインタビューを編集し、事故死から6年後に公開された。
『赤木圭一郎は生きている　激流に生きる男』(1967年　©日活)
監督　吉田憲二
キャスト　赤木圭一郎　芦川いづみ　笹森礼子　葉山良二　宍戸錠　二谷英明　浅丘ルリ子　山本陽子　ナレーター＝波多野憲
音楽　大森盛太郎

■赤木圭一郎プロフィール
1939年5月8日～1961年2月21日
東京都港区生まれ
1958年日活に入社，石原裕次郎主演の映画『紅の翼』でエキストラとして出演した。『拳銃0号』でデビュー。青春アクションスターとして売り出し，『拳銃無頼帖』シリーズや『霧笛が俺を呼んでいる』などに出演した。1961年2月14日ゴーカートで倉庫の壁に激突、21日死去、21歳。成城大中退。本名は赤塚親弘。愛称はトニー。
井上の、『嵐を呼ぶ友情』(1958、日活) - クレジットは赤塚親弘 バンドボーイ 役。『群集の中の太陽』(1959、日活) - 城南大学ラグビー部員 役で出演。その後井上に圭一郎と名付けられた。

田宮二郎
完璧主義に飲み込まれた男

田宮二郎との最初のつきあいは、昭和三十六年の（中略）『五人の突撃隊』であったが、彼は主演の五人のなかにはいっていなかった。

（中略）

それから一年後には私が彼の主演でお正月映画『やくざの勲章』を撮ったのだから、成長の早い人である。

（中略）

意欲満々の田宮君はセットでどぎつい芝居を次々と披露する。前夜いろいろと考え抜いたあげくの芝居であることはすぐわかった。私はその一つ一つに文句をつけた。

（中略）

「全カット、これを見ろとばかりのオーバーな芝居をして、フィルムをつないだらどんな結果になる——君はドン・キホーテとしか映らないよ。

（中略）

緩急のコツ、これが主演者の芝居だ。君は走ってばかりいる。私には見えるんだよ、フィルムをつないだあとの、その芝居の不自然さが……」

写真『わたしを深く埋めて』(©KADOKAWA　1963年　大映)

『やくざの勲章』(©KADOKAWA　1962年大映)

ところが続けて撮った『私を深く埋めて』(若尾文子共演)では、私はいっさい口を挟まず、自由にやらせた。いや、口を挟む余地がないくらい私の主張を理解していたのだ。

前作の力みはみられず、緩急をつけたセリフと芝居のコツをみごとに自分のものにしている。『やくざの勲章』の現場での私の苦情と、フィルムになった映像を見くらべて研究したのであろう。

それ以来数本の田宮映画を撮ったが、彼に演出の注文をつけても苦情を言ったことは一度もない。まったくどん欲な人である。

(中略)

他人に対する以上に自分に対してきびしい人、田宮の俳優としての大成はこの完全主義につきる。その完全主義がこうじて自分を責め、魂を切りきざんで、ついに己の心臓に銃弾を撃ち込んだ。

■田宮二郎プロフィール

1935年8月25日～1978年12月28日

大阪市生まれ

1956年ミスター・ニッポンに選ばれて、すぐ大映に入社、1957年『誓いてし』でデビュー。甘い二枚目役に出演した後、1961年『女の勲章』の冷たい二枚目で注目され、同年勝新太郎とコンビを組んだ『悪名』に主演してスターとなる。以後、同シリーズ14本、1962年『黒の試走車』にはじまる『黒』シリーズ、1964年『宿無犬』にはじまる現代ヤクザもの『犬』シリーズなどで大映の看板スターとして活躍。1965年に女優の藤由紀子と結婚。1967年山本薩夫監督の『白い巨塔』の主役・財前五郎役を好演。1968年ポスター序列問題で解雇され、映画出演をシャットアウトされる。1969年以降フリー。1971年田宮企画を設立。この間、1969～1978年テレビのクイズ番組『タイムショック』の司会者を務め、人気を博した。その後加藤泰監督の『人生劇場』(1972)『花と龍』(1973)、山本薩夫監督の『華麗なる一族』(1974)『不毛地帯』(1976)などで好演した。1978年12月自殺。テレビ出演に『白い影』など『白』シリーズがある。

出典　日外アソシエーツ『20世紀日本人名事典』(2004年刊)

井上梅次監督の次の『五人の突撃隊』にも出演するが、主演は本郷功次郎で、田宮は五人にも入らない小さな役であった。

　だが、この井上梅次監督とは何となく肌合いがよかった。

　同じ京都の出身ということもあるが、映画監督には珍しく計数に明るく、徹底した合理主義者である。その反面、親分肌の情熱家でもある。

『田宮二郎、壮絶！』より

『白い荒野』の演出を担当した。（中略）

「先生、今日やるところだけど、どうしても芝居が納得いかないので、徹夜でこういうふうに直したんですが」

　と台本を見せる。

（中略）

ながながとした説明セリフばかりで、とても使えたものではない。

（中略）

　私はそのシーンをオミットする代わりに、別のシーンに二、三の芝居をつけ加えていた。（中略）

「こうすればあなたの性格の特徴も出るし、見せ場にもなる。だから君向きのちょっとキザっぽい芝居を狙ったがね……」

　彼は一言も言わず私の台本に目を走らせた。

　そして大きくうなずいて、徹夜で書いてきた頁を破り捨てた。

「お任せします。……ああ、これでホッとした……」


「暗黒街最後の日」で東映東京作品の株をあげただけに井上監督は自信たっぷり。「だがアクションものもそろそろ底をつくね。一映画会社がギャングもので成功すると他社でもマネをする。映画も需要と供給の経済問題であまり同じものがでると、お客にあきられる」（中略）「経済学のABC、需要と供給も映画製作にあてはまるが、絶えず新製品の売りだしに頭をひねるべきだよ」日活、東宝、東映、大映と邦画各社を歩き回ったプロ監督井上梅次の結論である。（東京デイリースポーツ　昭和37年11月17日）

『復讐の牙』（©KADOKAWA　1965年　大映）

撮影（注『五人の突撃隊』）の合間に、井上が田宮に言った。

「映画各社を巡ってみて、つくづく思うんだが、どこも、いまだに前時代そのままの古い体質から抜け出していない。日本映画界という小さな世界にあぐらをかいていて、不合理で、非常識で、なァなァで、これじゃ瞬く間にテレビにつぶされてしまう。われわれ映画人だって、どこの世界にも通用する社会人であるべきだよ」

そして、言った。

「田宮君、君たち俳優だって、そうだ。シバイさえ達者であれば、役者バカでいいという時代はもう終わったよ。俳優といえども知性も常識もある社会人であるべきだと僕は思う」

田宮は黙って聞いていたが、まったくその通りだと思った。

（『田宮二郎。壮絶！』升本喜年著　2007年　清流出版刊　より）

私は葬儀副委員長をつとめた。

（中略）

祭壇中央の花に埋まった田宮君の遺影を見たとき、はっとして息が止まった。すべてがわかったような気がした。そこには素晴らしい男が微笑んでいた。

（中略）

しかし、二枚目は辛いものだ。見事なそのマスク、そのスタイルも年には逆らえない。すべてのスターがそうであったように、彼もまた「老い」というものに無限の恐怖を感じ、必死に闘っていたのだ。

（中略）

私は、写真に向って語った。

「田宮君、もう君は老いることはない。そして永遠にこの写真の『田宮二郎』が残るのだ。今後プロデューサーや映画監督がキャスティングするたびに、『ああ、田宮二郎がいてくれたら……』と歯ぎしりするだろう。今日からは永遠の二枚目として、君は、ファンや芸能人の心に生きつづけるのだ。——安らかに、眠れ……」

（中略）

あまりにも残酷な二枚目スターの死であった。

『美空ひばり・森進一の花と涙と炎』（1970年　© 松竹）

美空ひばり
母娘の精進

昭和四十四年『花と涙と炎』、昭和四十五年『花の不死鳥』と、松竹でひばり主演映画を二本続けて撮った。（中略）

その仕事の最中、お母さんがそっと手紙を渡された。

当時美空親娘は一部の意地の悪いマスコミのしつような攻撃にさらされていた。夜ごと母娘で杯を酌み交わして泣き、慰めあい、励ましあいながら、ひたすら厳しい芸道に精進してきた様子が克明に記されていた。私はこの手紙に感動して早速返事をしたためた。

「この世の中には人の苦労と努力を黙って評価している多くの人がいる」

という私の信条を語り、

（中略）

「この映画のスタッフも、ひばりちゃんの芸にいどむ真しな態度にうたれて、心から拍手を送っています」

（中略）

「ひばりちゃんのお母さんが監督から貰った手紙をいつも懐に入れていて、ことあるたびに読み返しているようですよ」

と話された。

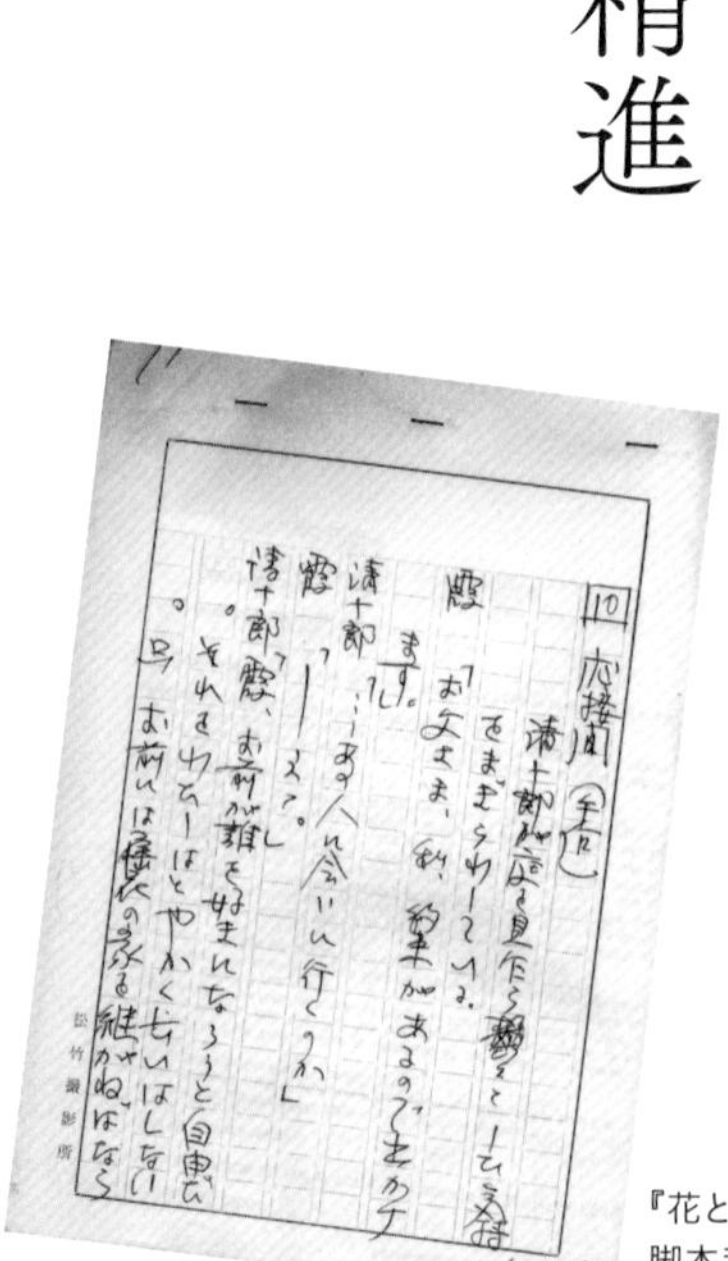

『花と涙と炎』の脚本手書き原稿

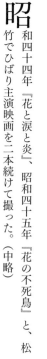

『ひばりのすべて』(1971年東宝)四国ロケにて母娘スナップ

『花の不死鳥』ひばり・森進一の「花と涙炎」を正月にヒットさせた井上監督は「今度は前作よりドラマ性のある面白いものにします。歌よりもひばりちゃんの演技力をフルに発揮させたい」と語っている（東京中日新聞昭和45年5月19日）

美空ひばりデビュー25周年に、公演やプライベートを撮影した井上監督のドキュメンタリー『ひばりのすべて』と川口松太郎原作の『女の花道』の二本が製作された。

■美空ひばりプロフィール
1937年5月29日 - 1989年6月24日
神奈川県横浜市磯子区生まれ
本名：加藤和枝。1949年、「河童ブギウギ」でレコードデビュー。
以後、1500を超える曲を録音し、「悲しき口笛」、「東京キッド」、「リンゴ追分」、「港町十三番地」、「柔」、「悲しい酒」、「おまえに惚れた」、「愛燦燦（あいさんさん）」、「みだれ髪」、「川の流れのように」などなど、放ったヒット曲は数知れず。
1989年6月24日の死去まで、四十有余年にわたって日本歌謡界の第一線で活躍した。
没後の1989年7月、真摯な精進で歌謡曲を通じて国民に夢と希望を与えた功績が認められ、女性初の国民栄誉賞を受賞。
日本コロムビアHPより

16歳から9本の映画を監督。親子のようと評された。『東京シンデレラ娘』（新東宝　1954年）撮影時に

雪村いづみ
体当たりの人

昭和二十八年、私がまだ名もない新東宝の新人監督だったころ、（中略）

「日劇に出ている少女歌手と契約した。この子をスターに育てたいから見てこい」（中略）すい星の如く現れた十六歳の少女であった。竹の子のように細くて背が高く、色気がない。

「映画の初めは靴磨き少年の恰好で登場させ、帽子を脱いで汚い顔を洗うと、綺麗な少女の顔になる——こうして女であることを強調しよう」

いままで未知の世界であったジャズを必死に勉強しながら、こんなアイデアで作ったのが『娘十六ジャズ祭り』。

（中略）

その後、計九本の映画を続けて撮ったが、この十六歳の少女は音楽に鍛えられただけあってカンが良く、運動神経も抜群で、キャッチ・ボールをしたら剛球を投げていた。

当初は台本を叩きつけて叱ったこともあったが、シンが強く、若くてついカッとなる私を恐れずに堂々と芝居をした。

『娘十六ジャズ祭り』(新東宝　1954年)で井上は「セリフが途中で歌になり、歌が途中でセリフに変わるミュージカル方式をふんだんに取り入れたのである」(『窓の下に裕次郎がいた』より)

■雪村いづみプロフィール

1937年3月20日～

東京都出身。中学卒業後の1952年に日劇ミュージックホールの『サマースキャンダル』に出演、小林一三の命名により、以降雪村いづみを名乗る。1953年ビクターレコードより「想い出のワルツ」でデビュー。「遙かなる山の呼び声」「オーマイパパ」「ブルーカナリヤ」「スーパージェネレーション」等多くのヒットを出し、美空ひばり、江利チエミと共に3人娘として映画・テレビ・ステージで大活躍。1957年には映画『青い山脈』に主演。2007年、旭日小綬章を受章。

『十七歳の抵抗』(1957年　©日活)

白木マリ
映画女優への決意

■白木マリプロフィール
1937年2月23日
東京都世田谷区生まれ
本名は山口澄子。旧芸名は白木マリ。恵泉女学園中学校卒業後に芸能活動。アピールする武器を身につけるために松竹大船撮影所を辞めて近藤玲子バレエ団に入団(1956)。「白木マリ」の役名で20歳のときに『嵐を呼ぶ男』に出演、沢本忠雄との結婚と同時に一度は芸能界を引退。後に沢本と離婚して芸能界に復帰した際、芸名を「白木万理」に改名した。1973年の必殺仕置人に中村りつ役で出演して以降、長年にわたり同役を演じたことで知られる。

『嵐を呼ぶ男』（1957年　©日活）白木マリのフロアショーはこの映画が初で、その後日活アクションにたびたび登場した。ここではドラムを叩いていた裕次郎がミディアムスローから急にアップテンポに変更したが、白木演じるメリーが一瞬のストップの後、見事に応じるシーンが展開される

撮影助手はメーターを計るのを忘れていた。照明助手はスイッチを押し間違えた。録音助手はマイクをぶつけた。

裕次郎・北原三枝主演『勝利者』のラストの十三分間のバレエ・シーン。「都会にあこがれた白鳥の物語」で、スタッフ全員の目が撮影を忘れて一人の踊り娘に注がれていた。

（中略）

それはあの日、映画界入りを断った彼女であった。

「家に帰ってよく考えましたが、もしチャンスをいただけるなら、もう一度やってみたいと思います（後略）」

すでにその表情には、固い決意がみなぎっていた。

さっそく近藤玲子女史の了解をとって「白木マリ」と名付け、『十七歳の抵抗』『嵐を呼ぶ男』と次々と大役をふりあて、あっという間にスターに育っていった。「白木マリ」は『勝利者』の北原三枝の役名である。

『暗黒街大通り』（1964年　©東映）

待田京介
月曜日の男

彼は、私のマネージャー・加藤裕康氏がスカウトしてきて、しばらく私の家に居候していたことがある。（中略）

「待田京介」――これは実は私が一時使っていたペンネームなのだが、これを薦《も》岡《おか》康彦《やすひこ》という難しい名前の彼に贈って、日活に入れた。

演技の基本を勉強していないので、まず発声がなっていない。

（中略）

それを直すのに一苦労であったが、その後日活で映画数本に主演した後、テレビに移って、TBSのアクション番組「月曜日の男」でJ・Jのニック・ネームで売り出した。なにしろテレビ番組は週一本の割で作られてゆくのだから、みるみるこの人は上達していった。

（売り出し時の推薦文）

ちょっとウエットで、ちょっとドライで、ちょっとエレガントで、ちょっとノーブルで、ちょっとハンサムボーイ、それにちょっと個性的なマスクを持っています。

（中略）

もともと努力家ですから、彼なりにおっとりと自分の道を、自分のペースで勉強しているようです。

『暗黒街大通り』撮影時のスナップ

半年ばかり井上監督宅に下宿していたこともある。

「あのころの待田君はひどかったな。なかなかいいマスクをしているんだけど腹から声がでない。頭の方から声がでるんですよ。それを努力してなおしたからりっぱだ。映画などもよくみているし、勉強している」と井上監督は待田の熱心さを高く評価している。（報知新聞　昭和39年3月23日　より）

■待田京介プロフィール
1936年6月22日〜
千葉県館山市生まれ
都立大泉高校卒業後、「俳優座養成所」「東宝芸能」を経て1958年に日活へ入社する。同年、井上梅次監督の『素晴しき男性』で石原裕次郎の弟を演じデビュー。続いて小杉勇監督の『船方さんよ』の主役に抜擢される。小林旭、川地民夫らに続く新人として売り出され、多くの作品に主演する。
テレビドラマでは、1961年3年間にわたって放送された「月曜日の男」（月曜日夜、TBS系列で放送）に主演しブレイク。1962年からは東映のギャング映画や任侠映画を中心に準主演格で活躍した。大映や日活でも準主演格で登場し、数多くの映画に出演。1974年にはハリウッド作品の『ザ・ヤクザ』でも印象的な役で出演している。

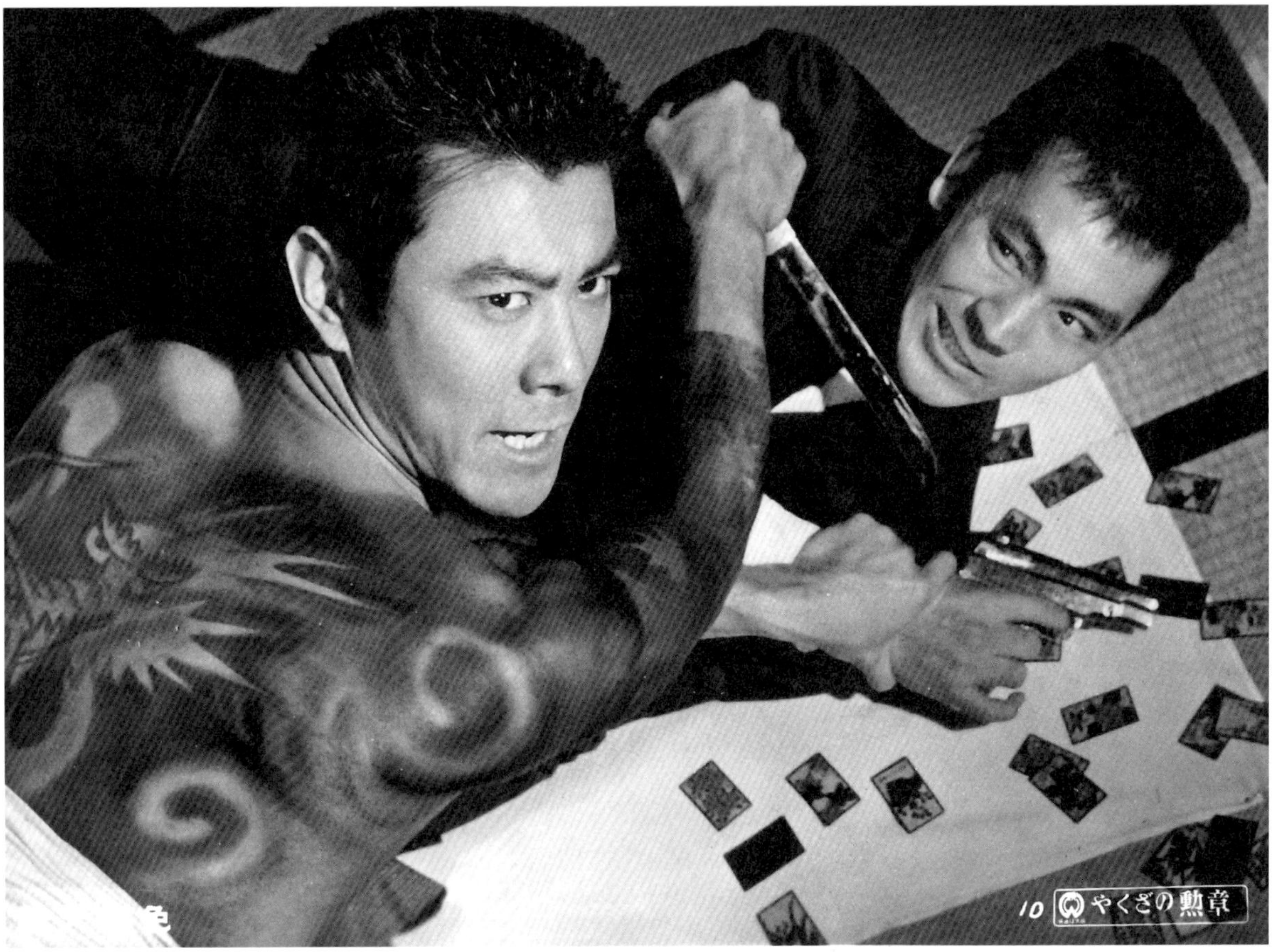

『やくざの勲章』（©KADOKAWA　1962年　大映）田宮二郎とのシーン

藤巻潤

熱と義理

大部屋にひしめく若者のなかで、じっとチャンスを待っているきわだって鋭い眼が私の心をとらえた。この男にボクシング映画『勝利と敗北』のほんの端役をわたした。

（中略）

この新人の芸名を考えた。スケールがあった。芝居も激しい。富士山に龍が巻きついているような名がいいと思った。

まず「藤巻」が浮かびあがった。

「力強い男だから名は一字で充分だ。……モダンでスマートな字がいい。潤はどうだろう……味があってなかなかいいじゃないか!……」

（中略）

その後、本郷功次郎君と組んでたびたび私の作品に出てくれたが、親交のあった大映・京都の中泉雄光所長に推薦すると、すぐ藤巻君主演で時代劇をとった。とんとん拍子に売り出せた人であった。無名時代、黙々と勉強した蓄積がものを言ったのだろう。

『犯罪作戦NO.1』（©KADOKAWA　1963年　大映）前から2人め

■藤巻潤プロフィール
1936年3月28日 ～
東京日本橋生まれ
1958年、大映東京撮影所第11期ニューフェイスに合格。1960年大映映画『銀座のどら猫』で主演デビュー。その後、テレビドラマ「鬼平犯科帳」シリーズ、「ザ・ガードマン」など様々な人気シリーズに出演。テレビ朝日「欽ちゃんのどこまで笑うの?!」をはじめ、バラエティ番組にも多数出演している。活動の幅はテレビだけに留まらず、自動車レースでもその才能を発揮している。1986年モンテカルロラリーに参戦し、総合で25位。レーニエ国王より特別賞を授与される。

加山雄三（右）、大坂志郎（左）

若林豪（左）、山崎努（右）と衣装合わせ

スター論

「映画俳優というものは大衆の前に正体をさらけだしてしまうと値打ちがなくなる、どこかを秘密のベールで包んでおいて、君の姿を見たい人は切符を買って映画館へ、歌を聞きたい人はレコードを買ってもらう——これがスターの育つ要素なんだ」

（地方のステージで歌いたい、という石原裕次郎に　裕次郎売出し㊙作戦　より）

魅力のすべてをテレビにさらけだしてしまう。そしてあきられる。「スター」の神秘性は失われ、ただの「タレント」になってしまう。要は、「マスコミをいかにコントロールするか……これによって勝負がきまる」といえるようだ。正体を隠すテクニックを持っている人だけがスーパー・スターに育っていくということになる。

（『窓の下に裕次郎がいた』　より）

新珠三千代

左より、中村玉緒、市川雷蔵、山本富士子、勝新太郎、大木実

山本富士子と衣装合わせ

高島忠夫、雪村いづみ、宝田明

石原裕次郎

左より、川口浩、井上、京マチ子、大木実（『黒蜥蜴』1962年　大映）

三橋達也（左）、石原裕次郎（右）

鶴田浩二、淡路恵子

もう一つスターを育てる要素は、その人の欠点を画面に出さないこと。

（中略）

よく見えるように周りの芝居を仕組んであるのだが、肝心の彼の芝居となるとボロが出る場合もある。

そんな時は好きに演じさせておいて、フィルム編集で彼の悪いところをカットして、相手俳優の表情をいれたり、インサート・カット、たとえばドラムとかネオン、ウイスキーボトル等をいれ、その上に声だけ流す。

そうして出来あがった作品は、裕次郎のいい芝居、恰好のいいカットの連続ばかりがつながって、益々人気が上がるという訳。これはスターを育てる簡単な秘訣である。

（裕次郎売出し㊙作戦　より）

山本富士子、月丘夢路

小林旭、浅丘ルリ子

江利チエミ（左）、雪村いづみ（右）

第二章 製作のプロフェッショナルとしての仕事力

戦後の食糧難の中、大学で経済を学び、日銀の頭取を夢見ていた井上は、京都一商の先輩の縁で映画の世界でアルバイトをすることになる。労働争議で揺れる映画界に助監督として参加、そのまま就職する。旧態依然とした製作の現場で苦労をしながら、文学論を叫びながら停滞する他の助監督に対して、製作過程を念頭にシナリオをきちんと仕上げることで高い評価を得た井上は、わずか4年で監督に昇進し、目覚ましい活躍を始める。そこにはコストとスケジュールを考慮し、観客に向けて何をアピールするかを徹底的に追求するエンターテインメント製作のプロ、職人としての卓越した能力があった。

脚本書きに撮影と、多忙をきわめる

青白い芸術論なんていらない

日本映画の袋小路

元来、日本では娯楽を蔑視する風潮が強すぎるようだ。

(中略)

つまり、娯楽版だから程度が低くていい、芸術性がなくていい、ときめてかかるのである。娯楽に芸術性を持たす事が我々の職業なのに。——

(中略)

しかし、古今の外国映画の如何なる名作を見ても、その価値は決して文学性ではない。映画独自の芸術性であって、いわば「映画性」というものである。つまり、文学性に頼らなくても映画独自の芸術性で充分高くそして面白いものに作り得る筈なのである。

(中略)

昭和三十四年、日活を出てフリーになると、私は各社から引っ張り凧になった。自分のオリジナル脚本ばかりで八本も演出した年もあった。

自分で売り込みに歩いたわけではないのだから、私の企画性と合理的な製作方針が、会社幹部に受け入れられたことは間違いない。各社にはお抱えの監督がいて、仕事がない。そこへ飛び込んで行って次から次へと仕事をするのだから、当然反感を買う。

私は作家として人の作品を論評しても、悪口はいわず否定もしない、無駄な戦いは避けて通る主義なので、蔭の非難には無視、沈黙で答えた。

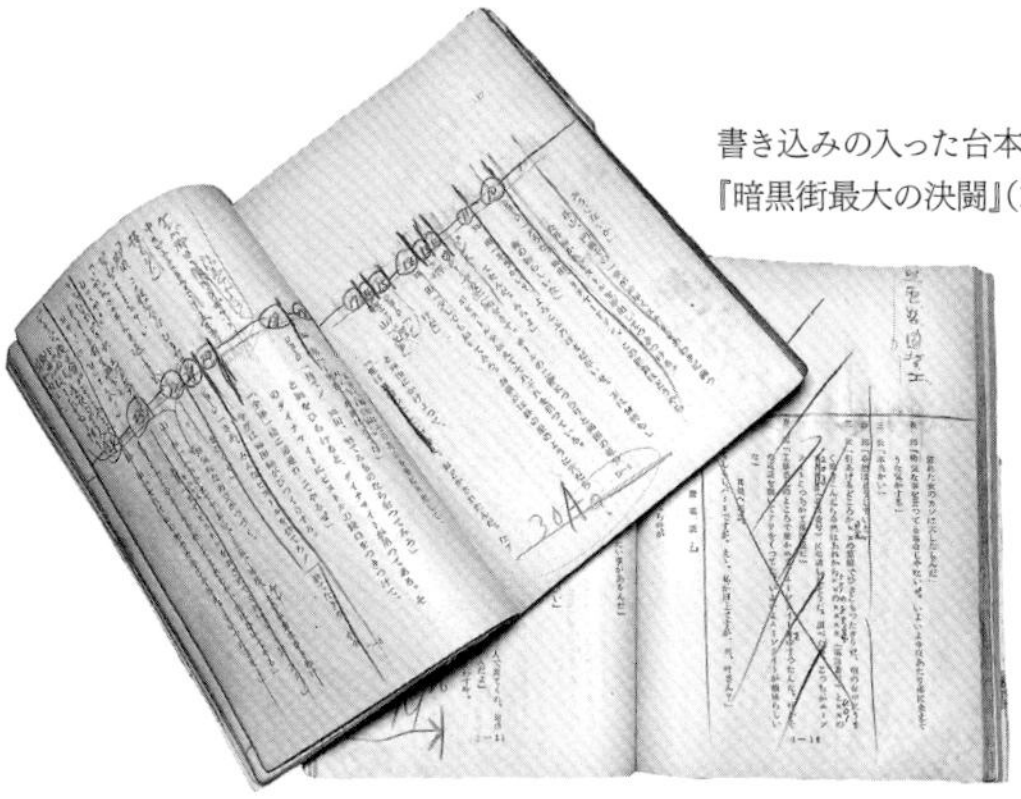

書き込みの入った台本。『復讐の牙』（右）、『暗黒街最大の決闘』（左）

プロに徹する観客の好み……これを演出

「昔はカットをこまかく割って画面を組み立てていく、というのが映画作りの方法だった。ところがスイッチ一つで自由に操作できるテレビの出現によってそれまでの映画の特性が奪われてしまったんですな。当然映画のとり方を変えなければならなくなった。カラーにする、大型にする、トラック（音のミゾ）の本数をふやすなどがそれです。だがそれだけではまだいけない。映画の娯楽としての水準がポピュラーになった。一般の人に金ができて遊びが高度になったことなど社会情勢の変化まで考えなければならないんですよ。

（中略）

映画館に客を集めるにはよほど魅力のあるものにしなければね」

（昭和38年5月　新聞各社インタビューより）

「演出っていうのはですよ、昔は台本を読んでコンテを作って俳優さんに芝居をつけるのがすべてだった。いまは違うんです。どの層の客をどのくらい動員するにはどんなおもしろ味を加えるか、このくらい金をかければ、かけた以上の魅力ができるというところまで計算しなければいけない。演出の九割まではそのへんの計画で芝居をつけたりカット割りなんかは残りの一割ですよ。

（中略）

どうも日本の映画界は〝職人〟ということばを悪い意味で使う人が多いんですが、高度のプロ化を要求されているいま〝職人〟になることがいちばん大事なことじゃないかと思うんです」

「映画が芸術か娯楽かという議論は、ずいぶん〝青白い〟と思いますね。

（中略）

私が思うのは、青白いことにこだわって芸術論うんぬんをいっているとだめだということです。財政的に苦しくなって一つの遊びも許されない。こういう時期には、おもしろくて魅力があるということが勝負なんですよ」

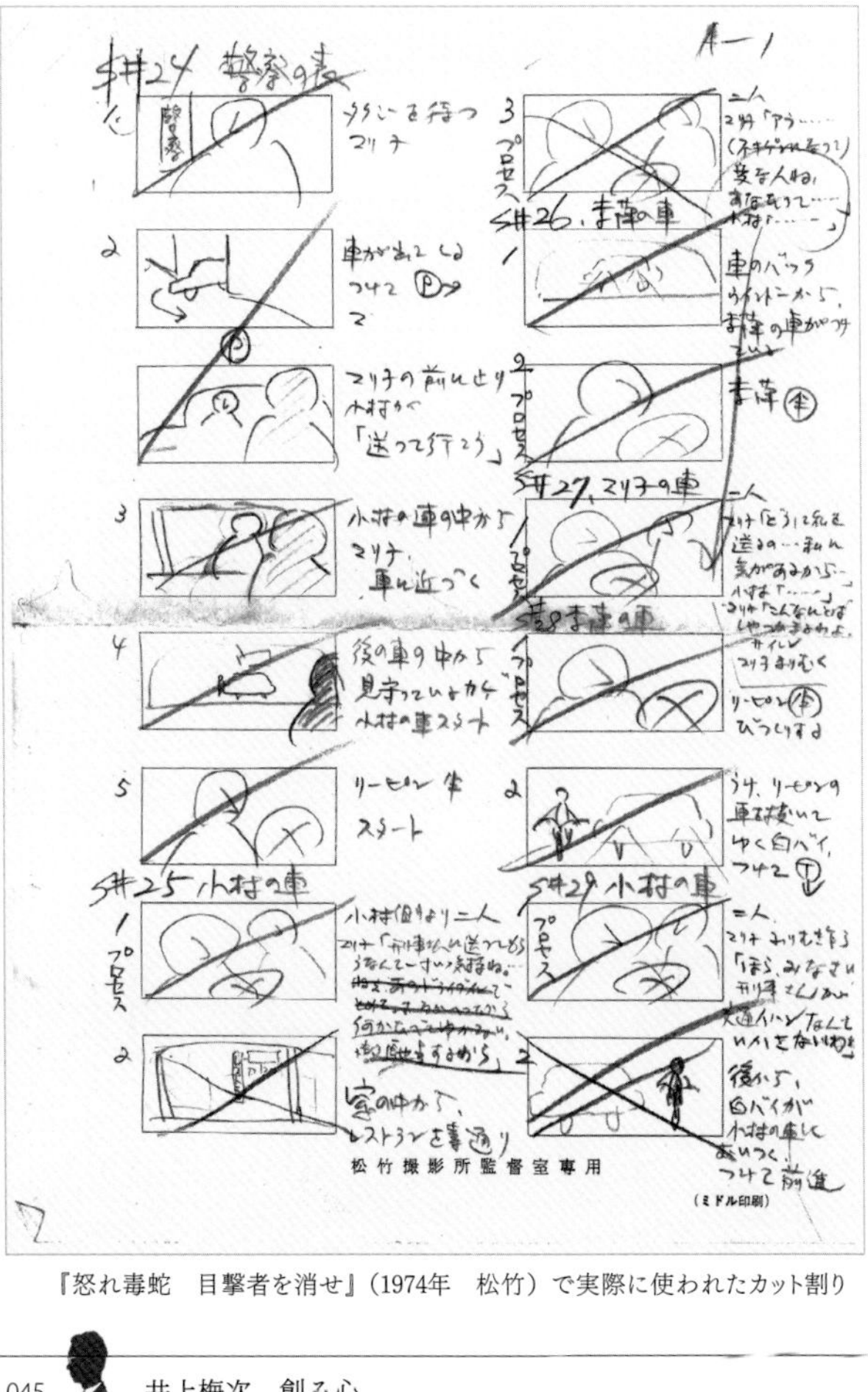

『怒れ毒蛇　目撃者を消せ』（1974年　松竹）で実際に使われたカット割り

『若さま侍捕物帖　謎の能面屋敷』(1950年　新東宝 ©国際放映）監督　中川信夫　原作　城昌幸　主演　黒川弥太郎　井上の初脚本

『若さま侍捕物帖 謎の能面屋敷』一晩で書き上げた初脚本

昭和二十五年末、新東宝にちょっとした異変がおこった。正月番組の一本が流れたのだ。あと二カ月もないのに、脚本もなく、企画もなかった。

伊藤基彦プロデューサーが急遽、城昌幸原作『若さま侍捕物帖』を会社に提出したが、あまりに短い原作で、これから映画脚本ができるかどうか、会社もプロデューサーも不安を覚えていた矢先であった。

私は一つのアイデアを出した。

「原作の雰囲気だけをいただいたらどうです。話はこっちで作ればいい。製作日数がないから一つの屋敷のなかで起る事件がいいと思います。(中略)」

「君、書いてくれないか、すぐ旅館に籠って」

(中略)

こんなとき、書けないで苦しんだ経験が役に立った。引き出しはいっぱいあったからだ。人物配置をすると、あっという間に概略のストーリーができた。続いて構成のくわしいメモをとる。

七時、夜の食事までにそれもまとまった。

後は書くだけ——三、四日かかると思ったが、書きたい気持ははやる一方である。食後書き出したら、寝ることも忘れるほど筆が走った。

二百三十枚の原稿を書き終えたのは、朝の九時、やりとげた満足感でさほど疲れはなかった。一寝入りし、十一時ごろ会社に出て、プロデューサーのお出ましを待った。

(中略)

一時ごろのんびりと撮影所に現れた伊藤プロデューサーは、唖然として私の差し出す原稿を受取った。

無言のまま、走り書きの原稿に目を通すうちに、その表情に笑みが漂い出す。

「しめた!……」

と思った。

「セットは地下牢と離れ家をもう頼んであります。今日中にデザインが出るでしょう」

プロデューサーは読み終わった本を、音をたてて机に置いて言った。

「面白い、よく書けたよ。……これで助かった——」

こういうと、また猜疑心を露骨にあらわしながら言った。

「でも嘘だろう。これが一晩で書けるわけがない……前から書いてあったんじゃないの……」

「いいえ、構成があっという間にできたのが嬉しくて、つい筆が走ったんですよ」

(中略)

「信じられない……」

平田旅館の私の宿泊費が、たったの一泊分だったことも撮影所の評判になった。

『三人の顔役』長谷川一夫にロケ場所選びを激賞される

その頃（注・助監督時代）、私は慶応の恩師の家に世話になっていたが、撮影の仕事は学者の家から通うには不向きであった。ある日、撮影が遅くなってスタッフ専門の旅館に泊まったが、その翌日はひどい雨であった。傘のない私は、軒下に立って雨の中をつっ走るか、しばらく雨宿りするか迷っていた時、目の前に一台の外車が止まった。中から長谷川先生がニコニコして私を招いておられる。

「梅ちゃん、乗ってお行き……」

車の中で、時間が不規則で恩師の家から通えず、旅館に泊まったことを語ると、

「うちへ来たらどうえ」

とおっしゃって下さって、渋谷の長谷川家の二階で、（中略）成年君（注・井上を映画の世界に誘った中学の先輩・内川清十郎は、長谷川一夫と姻戚関係にあり、その縁で井上は長谷川家に出入りしていた。長谷川の息子で、井上が慶応大学受験の相談にのったこともあり、長谷川には面識があった）と共に暮らすことになった。

約一年半お世話になった。その間、先生と暮らしを共にして多くのことを学んだが、何よりもその勤勉、その努力にうたれた。

（中略）

長谷川家に世話になってもう一つ学んだことは、「芸の計算」である。先生は実に頭が良いし、カンが鋭く、芸の計算は天才的である。同じセットの撮影が二日にわたったとき、前日は前方のどこからと後方のどこからライトが当たっていたかしっかり覚えておられる。

（中略）

『三人の顔役』（1960年　大映）

色っぽく見せるための計算、
舞台の観客の目を意識した角度の計算、
セリフ回しの計算、
衣装、小道具の計算、
すべて考えぬいた先生流の計算がある。

（中略）

先生から教わった努力と計算が、今日までの私の芸能生活を支えてくれたのである。

私は後日、先生主演映画を大映で一本撮っている。昭和三十五年『三人の顔役』である。

（中略）

撮影所近くの食堂で昼食をとっていたとき、

「長谷川先生が打ち合わせしたいとおっしゃってます」

と助監督が伝えてきた。

慌ててもどろうとすると、もう先生が食堂に入ってこられたのには（中略）驚いた。呼びつけられれば駆けつける立場なのに、監督になった私をたてて、わざわざ食堂まで出向いてくださったのには恐縮、感激した。

撮影中もよく私をたてて下さった。

「梅ちゃん、今のカット、ええなぁ、時代劇にないアングルや、うちが映画界に入って初めてのカットやわ……」

こんな美辞麗句を使って持ち上げてくださった。密出国のチャンスを待って東京都内を逃げまわる話だから、ロケの多い仕事であったが、撮影所の内外を巧みに使ったら、先生は中泉雄光所長のところへ行って、

「あんなに上手にロケ場所を選ぶ監督がもう一人いたら、大映は助かるのに」

こう褒めて下さった言葉がすぐ私に伝わってきて、何とか先生のご期待にそいたいと一生懸命になった。

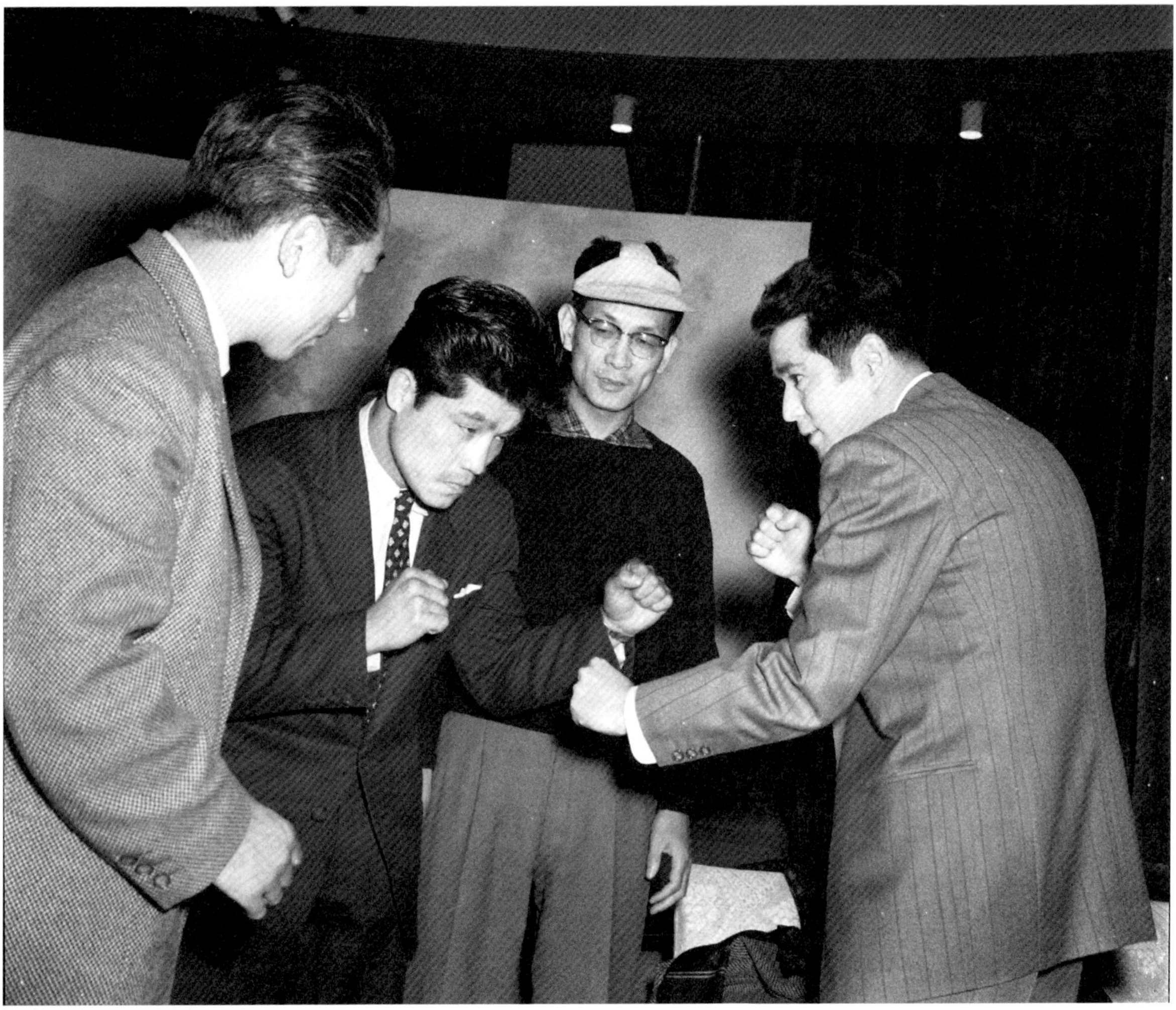

『勝利者』リアルさの表現への工夫ボクシングシーンとバレエシーン

昭和三十二年の正月映画『踊る太陽』、これはペギー・葉山、芦川いづみ、浅丘ルリ子、津川雅彦、フランキー・堺、岡田真澄といった日活青春スターを並べたミュージカルであったが、このなかにも彼（注・石原裕次郎）は登場する。新人としてお義理で顔を並べた程度の出演であったが、『月蝕』と『踊る太陽』の二本で私は素材としての彼を充分に研究した。

（中略）

スターを育てるためには他のスターの支援がいる。当時日活を背負って立つ三大スター、三橋達也、南田洋子、北原三枝を裕次郎につけて、四人でがっちりと組んだメロドラマ風に改変、構成した。ボクサーとバレリーナとの恋物語で、裕次郎・三枝のコンビのために、後半にイギリス映画『赤い靴』に対抗して十三分間のバレエシーンを、ラストに八分間の拳闘シーンを配置した。

一部にはこの企画に反対があった。いままでボクシングとバレエ映画は当たったためしがない。というのは、まず俳優ができない、踊れない、だから迫力あるシーンにならないからだ。このジンクスを二つ重ねたのだから反対も当然であったが、話が面白く組めたし、今まで日本映画が不得手だったバレエとボクシングを面白く見せる自信があったので、強行した。

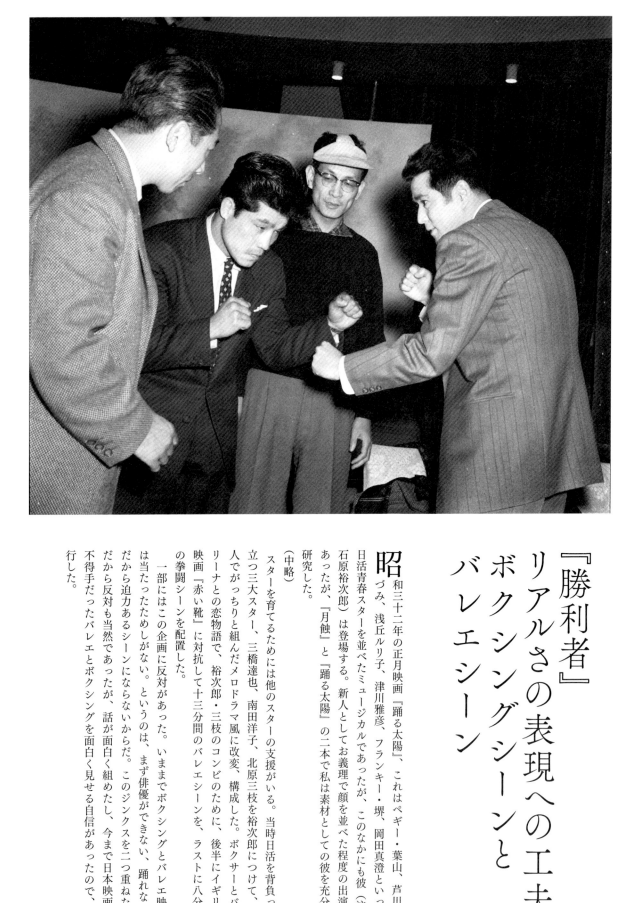

『勝利者』（1957年　©日活）

拳闘場面を撮影するのに一週間かかったが、その間じゅうプロ選手にかわるがわるなぐられて、こんどこそすっかりグロッキーになっちまった。

（中略）

三橋達也さんとの格闘シーン、あれはテストだけでも五時間かかったという念の入ったもので、おまけに三橋さんの右フックをよけそこねて、まともになぐられ、コンクリートの上で昏睡状態におちいってしまった。とんだ「勝利者」だった。（『わが青春物語』より）

『勝利者』ストーリー

社長令嬢との恋愛で動揺し、チャンピオンを賭けたタイトルマッチに敗れた山城英吉（三橋達也）。やがてクラブの支配人におさまった英吉は、自分の果たせなかった夢を無名のボクサー、夫馬俊太郎（石原裕次郎）に託し、自身の苦い経験からチャンピオンになるまでは恋愛禁止を掲げて、火の出るようなトレーニングで俊太郎を鍛えていくのだが……。

迫真のシーンにするため、中西清明（全日本フェザー級チャンピオン）、横山守（前全日本ウェルター級チャンピオン）という超一流の現役ボクサーや全日本ボクシングコミッション認定レフリーが複数人出演した。

近藤玲子指導による劇中バレエ劇「都会にあこがれた白鳥の物語」

ボクシングとバレエシーンは私も、彼と彼女（注・北原三枝）も苦労した。

裕次郎相手のボクサーはチャンピオンを起用した。そのほうが危険度が少ないからだが、

〔もしもパンチが当ったら……〕

スタッフは内心はらはらしていたが、当の本人が案外平気だったのは、よほど運動神経に自信があったのだろう。二人の努力のおかげで素晴らしいシーンができあがったが、指導者もよかった。

ボクシングは高橋直人フライ級チャンピオンを育てた阿部幸四郎氏、バレエは鬼の近藤玲子女史、劇中バレエ劇「都会にあこがれた白鳥の物語」の振付けは秀逸であった。

ラストのボクシングシーンは200カットを超えた。一日50カットとして四日かかる。会場費用も大変だがエキストラー費も膨大になる。これを一日半であげるために私は合理的な撮影方法を使った。

全カットをカメラを一方向に向けたまま撮って、反対方向に向けない「一方押し」というやり方である。

この方法だと観客は会場シート数の半分ですみ、ライティングの手間もひどく省ける。

ぐるぐるリング内をまわって闘うのにどうしてそんな撮り方ができるのか。

簡単である。赤コーナー、青コーナーの標識をかけかえればいい。赤コーナーに向けたカメラの前に後姿の裕次郎を置き、相手ボクサーに打たせる。

次に赤を青標識に替え、カメラはそのままにして人物の位置を逆におきかえ、打たれる裕次郎を撮る。この場合レフリーの位置も逆にし、目立つリングサイドの人物もおきかえる。こうして撮ったフィルムをつなぎあわせると、壮絶に打ちあう迫真のシーンができあがるというわけだ。

こんな苦しまぎれの方法で撮ったボクシングシーンを、元チャンピオン・三迫仁志氏がこう評してくれた。

〈いままでの拳闘映画の中で、勝利者が一番現実に近いように思われる。特に印象づけられたのは、三橋、石原の拳闘技術の上手なことだ〉

近藤玲子（こんどう れいこ、1923年4月28日―2009年8月19日）は、日本のダンサーでジャズダンス界の重鎮。日本ジャズダンス芸術協会の会長を務めた。東京出身。エリアナ・パブロバの下でクラシック・バレエを学んだ。1951年に近藤玲子バレエ団を結成する一方、宝塚歌劇団で扇千景や淡島千景らにバレエを指導した。1964年10月5日から1997年12月1日までよみうりランドの水中バレエ劇場で総合プロデューサーを務めた。

特筆すべきは、彼（注・井上梅次）が57年、58年にデビュー直後の石原裕次郎の主演作を連続的に演出し、裕次郎をスターとして開花させたことである。とくにボクシング界を背景としたメロドラマ『勝利者』、海洋アクション『鷲と鷹』、ジャズ・ドラマーを主人公とした『嵐を呼ぶ男』の三本は裕次郎のスター・イメージ形成に大きく貢献した。またこれらの三作の素材となったボクシング、海、ジャズはその後の日活アクション全体のイメージをつくりあげた作家のひとりといっても過言ではない。（渡辺武信）

二人の女優以外は雑魚寝で酒盛りの日々だった

『鷲と鷹』台風に翻弄されながらの船上撮影 俳優もスタッフも雑魚寝

裕次郎は湘南育ち、「海の男」のイメージがある。ここに目をつけて、『勝利者』につづいて海洋ドラマ『鷲と鷹』のプランを会社に提出した。

このシナリオは実は私の助監督時代に書きためたもので、（中略）船に酔わないスタッフと俳優の人選に苦労したが、裕次郎も連ちゃん（注・三國連太郎）も船は大丈夫と言う。（中略）一番心配なのは監督であった。船酔いで演出できるものではない。

船上ロケーションの全カットの絵コンテを書き、こまかい演出メモを書きこんだ台本をつくって、私が酔えば助監督の舛田利雄君が、舛田が酔えばカメラマンの岩佐一泉氏とライトマン藤林甲氏が担当できる三段構えの体制をとった。（中略）

船は戦時中建造された規格船で、弧がない。つまり船首は三角、船尾はコの字型、船底は真っ平の蒲鉾型で、この撮影をおわってスクラップになる900トンのボロ船であった。空船ではユレが多いため、瀬戸内海・広畑におろす鉄鋼石を船底半分に積み、後の半分に畳を敷いて女優以外の出演者全員、裕次郎も連ちゃんもスタッフとともにゴロ寝した。

フィルムと食糧を貯蔵する大冷蔵庫を造ったが、いまのような完全なものではない、一種の氷室であった。

その日は快晴であった。すべるように船は走った。しかしそれは東京湾のなかだけ、湾を出るなり大きく揺れ出した。まったく怖さを知らない素人の暴挙であった。蒲鉾板底のボロ船で台風のなかへ突っ込んで行っ

（©日活）

石原裕次郎、三國連太郎、月丘夢路、浅丘ルリ子と豪華キャスト（©日活）

たのだから……。

東京湾を出ると、見たこともない素晴らしい光景が待っていた。空は青く、雲足は早い。海は大きくうねり、カメラアングルは変化に富んで、絶好の撮影日和、私は夢中になってカメラをまわした。

午後になってさらに海は大きくうねり、狂いはじめた。船は山のような大波にのって、天に船首を突きたてたかと思うと、真ッ黒い海のなかに没してしまいそうになる、まったく木の葉である。

しかし私は怖いより、その凄いフレームのなかの光景に有頂天になった。

（中略）

山のような大波が来るのが見えた。

「あの波を狙うよ……来たぞ、行くぞ……ヨゥーイ……ハァーイ！」

何度か中断した本番が、船が大波に乗り上げた瞬間にスタートしたが、出てくるはずの裕次郎、連ちゃん、その他の俳優も誰一人出てこない。

「どうした？……」

海に強い西村晃ちゃんが首を出した。

「何度も本番と言われて緊張するうちにだんだん酔ってきて、皆ゲロしてる……」

（中略）

そのうちについに雨をともなった嵐となって、私たちははじめて台風が近づいていることを知った。

（中略）

製作部が陸にあがり、旅館を交渉して豪雨のなかを移ったが、二階にあがるのに階段がゆらいで見え、新聞を開くと大きくうねって見えた。視神経がやられるほど、ゆれたのである。

（中略）

台風の去るのを待ったが、停泊中の傭船料は高く、予算外の経費であった。製作部は必死に老船長を口説いたが、

「台風のあとの大波のほうがよけい怖い、（中略）」

頑として応じない船長にごうを煮やした製作部は、海軍出身の一等航海士に当時珍しかったトランジスタラジオをプレゼントして、三日目

の明け方船長が寝ている間に出航させた。

　船長の言う通り波は出航の日より大きかったが、空に雲一つない快晴
――私はまたしても夢中になってカメラをまわした、(中略)

　能率のあがった日であった。ほぼ予定の全カットを稼いだが、その夜、船は木の葉のように揺れ、スクリューが空まわりして船底に響き、急に遭難の恐怖にとりつかれて寝られたものではなかった。

(中略)

　台風のなかに出たおかげで迫力あるカットを撮れたが、思えば凄い冒険をやったものだ。冒険と思わずにやったのだから、まったくの暴挙、もし船が沈んでいたら裕次郎時代は生まれていず、日活は間違いなく潰れていた。

　いまもこれを思うとゾッとする。

　ところで心配された監督の船酔いはどうなったか? スタッフ三分の一、俳優二分の一が酔ったなかで、私はまったく平気であった。


　航海第二日、心配していた通り海上のうねりは高まり、船酔いには自信があると威張っていた三国や西村が、まずゲーゲーやり始める。伊豆半島沖で遂に航行は危険となり清水港に入港、船長以下全員が救命具の練習を始めることになり、一同悲壮な面持だった。

　清水出港間際〝ゲイン号の叛乱〟めいた騒ぎが起った「船はコリゴリだ、汽車で行こう」というわけである。だが船に強い裕次郎と浅丘は平気なもの、夕暮れの水平線をバックに海風に吹かれながら、気持よさそうにラヴ・シーンをやってのけていた。(夕刊京都昭和32年9月12日より)

　門司に入港したロケ隊は、多くのファンの出迎えを受けたが、ファンが貸切った二十隻近い小型船が船を囲み、下船のシーンでも歓声をあげたり、カメラに写りこむなど「ファンの熱狂ぶりはすさまじく井上監督もメガホン片手にしばしば立往生。(スポーツニッポンの記事より)

　井上梅次前半生のライフワークともいえるこの『鷲と鷹』に取り組む彼の表情は明かるい。「鷲と鷹という題名は別に、裕次郎の殺人犯と刑事の人を浮き出たせるためにつけたのではないのです。むかし殺人を犯して海に逃げている男、陸に恋をすてきた男など、数多いあらくれたちのなかから〝海の男のたくましさ〟を描きたいと思っているんです(スポーツニッポンの記事より）」と語っている。
（注・この時点で、助監督時代にこの脚本を激賞し出演を望んだ鶴田浩二のスケジュールはあいておらず、刑事役はぎりぎりまで未定だった）

石原裕次郎、浅丘ルリ子が本格的に共演した『鷲と鷹』（©日活）
『鷲と鷹』に出演した女優は私をのぞくと大先輩の月丘夢路さんくらい。私には付き人もいなかったのでメイクもヘアも自分でやるしかなかった。
夜になると役者やスタッフも一緒に甲板で酒盛りの日々。西村晃さん、柳沢真一さん、澤村國太郎さん、安部徹さん……。クセのある個性派の俳優さんが多くて楽しかった。（『私は女優』浅丘ルリ子　2016年日本経済新聞出版社刊　より）

裕次郎の歌は素人芸である。音程が確かであるのが取り柄だった。冒険だったが、映画のなかで彼を歌わせようと試みた。裕次郎のインテリ性にあわせて、人生の真実を海にもとめる哀愁のある歌詞を作った。

（中略）

レコード会社に協力を求めたが、どこも相手にしてくれない。日活が全力をあげて売出し中のスターといっても、彼ののどを買ってくれるところはなかった。

（中略）

劇中、ウクレレを持って歌いながら、父を殺した男の娘・ルリ子を口説くシーンは、我ながら鼻もちならないキザっぽいシーンだが、メロデーの良さとムードのある裕次郎の唄い方で救われた。

ダビングでメイン・タイトル・バックにこの歌を流そうと試みたが、裕次郎に声量がない。「エコーをかけてボリュームをあげて！」

しかしそうすると、バック・ミュージックを落さねばならず、メイン・タイトルとして貧弱になる。逆に威勢よくバックをあげると、歌は死んでしまう。あれこれ苦労したが、とうとう歌は諦めて音楽だけにしてしまった。

その後、裕次郎の歌唱力は急速に飛躍したし、録音器具・技術も発達した。いま、これをやることはやさしい。

「歌と音楽がともに生きた、素晴らしいタイトルになっていたのに……」

こう思うと残念でならない。

『夜の牙』（1957年　©日活　公開1958年）

『夜の牙』主役降板とフキカエ撮影

当時私はひどいオーバーワークで体調を崩していた。正月映画にオリジナルものをぶつけて、その責任の重さに神経がすりへってしまっていたのだ。しかし親しい所長にふかぶかと頭を下げられては、引受けざるを得ない、またまた撮影しながらオリジナル・シナリオを書く破目に追い込まれたが、必死に頑張った。

所長も、疲れた私のために所長室に畳を敷いて整体医を呼ぶ気の配り方、おかげで『嵐（注・を呼ぶ男）』が仕上がったときには『夜の牙』の台本が完成していた。

（中略）

キャストは、青年医師に三橋達也、元スリに石原裕次郎、その恋人に白木マリと浅丘ルリ子、そして月丘夢路を選んだ。

『嵐を呼ぶ男』を完成しながら、主役に達ちゃんを選んだのは、日活も私もそのヒットを予期できなかったということになるが、これは事実である。裕次郎は新鮮さで売れても、〔娯楽映画のシンになる力、客を呼ぶ力はまだない〕

誰しもがそう思っていた。だが、達ちゃんの反乱という事態がおこり、天が日活を助けた。

（注・裕次郎を売りたい宣伝部が、ポスターや宣伝物で裕次郎をトップに持ってきたため、主役の三橋が激怒。その後の行き違いもあって、クランクイン当日、神宮球場地下道の夜間ロケで三橋が「おりた！」の一言を残して姿を消したのだ。

（中略）

三橋の役を裕次郎で、裕次郎の役をファンファン（注・岡田真澄）で行きます」

みるみる所長の顔が綻びた。

神宮球場地下道での夜間ロケ、岡田真澄が殺人の嫌疑をかけられるシーン

「すぐ本社に連絡する。責任は私がとるから、思い切りやってくれ」

（中略）

かくして昭和三十三年正月に、二本の裕次郎映画が登場したのであった。

ところがまた大問題がおこった。

忘れもしない、その年の末、日本全土に物凄い勢いで流感が蔓延し、裕次郎が三十九度の熱を出して寝込んでしまった。ここまでくれば私の腹はすわっていた。

「何でもこい！ くたばるものか、きっとやりとげてやる!!……」

裕次郎のシーンを彼なしでどんどん撮りまくった。フキカエ撮影である。

今の五反田・IMAGICA（元東洋現像所）近くの川端で、裕次郎とファンファンを囲んだ悪党一味の大乱闘もすべてフキカエである。ヘアー・スタイルと背恰好の似た若者に彼の衣装を着せ、顔のはっきりとわからない距離から撮るか、またはカメラの前に後姿にして激しいアクションをやらせる。後日熱がひいてから、川端にあったのと同じ塀を二間ばかりスタジオのなかに作って、裕次郎の顔が見えるサイズでアクションを撮る、これをつなぎあわせると全カットを彼で撮っているように見えるというわけ。

『夜の牙』撮影時のスナップ
日活では本年度の製作方針に“井上梅次と石原裕次郎ものを主軸に作る”という一項を入れているが、コンビによる興行収入の増大を狙ってのものである。従来コンビといえば、“君の名は”的なスター同士のものが多かったが、ここ一、二年の間に監督とスターに移り変ってきた。プラス面を出し合い仕事への意欲をたぎらせてゆくあたり“コンビ作品”のよさだろう。
（サンケイ新聞　昭和33年1月15日より）

それでも十七、八日間で撮り終えたのかな。正月もやるつもりでいたんだけど、十二月の三十日にクランク・アップしたら、僕は涙が出て来ましたよ。そうしたら所長以下、ステージの前で、出て来るスタッフに社員全員が拍手しているんです。なんだろうと思ったら、二十九日に封切った『嵐を呼ぶ男』が三十日の朝から超満員だという話なんです。いよいよ裕次郎時代の幕開けだなと思いましたね。（『日活1954―1971』裕次郎時代の幕開けについて　より）

ミュージカルとスリラーは、劇映画のなかで特異な魅力をもつジャンルだが、どちらも、画面構成に、特殊な才能を要するものである。

『夜の牙』(1957年　©日活
公開1958年)

ミュージカルでは、音楽と踊りのテンポにのって、間髪を入れずにうまく変化させることが必要であり、スリラーでは物語のサスペンスに応じて弾力のあるショットの間断なき交代が肝心である。非常にちがったジャンルであるようだが、このふたつは実は親近性が密接である。

井上梅次は、ミュージカルに秀でた監督だが、スリラーも、またうまく語れる監督である。これは上述の理由からいって、決してむじゅんしたことではない。

(中略)

『嵐を呼ぶ男』という、これもミュージカル的な場面の魅力を多量に織込んだ作品の次に、彼がつくった『夜の牙』では、彼に彼の才能の表現を、スリラーに求めている。

(中略)

スリラーの興味も、十分だが、石原裕次郎のハードボイルド型の迫力を、話のうちにうまく生かす工夫が、巧みである。(日刊スポーツ　映画評論家　外村完二　昭和33年1月18日より)

当代のタレント石原裕次郎の色彩スコープ版スリラー。快作『嵐を呼ぶ男』に引続いて井上梅次監督の演出が心得たものでそう快な推理活劇になっている。脚本も井上と渡辺剣次合作のオリジナル。着想、骨組とも小粒ながら才気あり、石原ブームにおとらず井上梅次の器量ますます上るといったところだ。

(中略)

井上手法のすっきりした娯楽性の支えと石原のカナメに座した強みはやはり争えぬ。

(フクニチ　君島逸平鑑賞手帖より)

『大空港』をセットで撮る方法

松竹とフジテレビで鶴田浩二をキャップにした空港警察もの『大空港』が企画され、久しぶりに彼と仕事することになった。

ところができあがったまま開港の遅れている成田空港のロケ許可がおりない。映画も写真撮影もいっさい禁止されていた。

（中略）

親友である宇野宗佑代議士を訪ね、（中略）

宇野君は即座に運輸次官をつとめたことのある小此木代議士に連絡をとってくれた。

（中略）

小此木代議士の判断は早かった。その場で運輸省に協力を依頼してくれ、ただちに役所に駆けつけて「開港促進本部長」にお会いし、全面協力をとりつけた。一日がこんなに早く経った日はなかった。

翌日成田に行って空港警察も協力してもらうことになったが、一つの支障がおこった。成田空港の滑走路は運輸省だが、空港ビルは公団の管轄で、その公団理事が渋り出した。しかし必死に説得して、なんとか協力をとりつけたその直後、過激派が管制塔を爆破した。

すべてが御破算！　テレビ局はこの企画をあきらめ、霞が関ビルに本部のある警察にするという。

私は反対した。

「空港はセットで撮ろう」

唖然としたプロデューサー連中が言った。

「あんな広い空港がどうしてセットに組めるの？　だいいち、金がかかりすぎる」

「広さはカメラ・レンズでごまかせる。金はかけない、プラスチック・ガラスと柱があればいい。後はユニット・セットでゆく」

「ユニット・セットって何？」

「ローラーをつけたカウンターとプレートがあればいい。それを置きかえるだけで、航空会社のカウンター、出入国管理、税関と自由に換えられ、とても安あがりだ」

「飛行機の見えない空港ってことになる」

「ジェット機はどんどん飛ばす」

「どうして？」

「任せてよ――」

一メートル大のミニチュアー旅客機を作り、ガラスの外に吊って動かした。撮影後「キーン」という音を入れると、いかにもジェット機が飛んで行くように見える。

池辺良君の空港長室の外にカメラをかまえ、窓から空港を見る鶴さんと良ちゃんを撮りながら、その窓ガラスに飛ぶミニチュアー・ジェット機を映した。ところがその飛行機は細い吊り線が切れて、日に何度となく墜ち、架空の大惨事が頻発した。

第一回放映は22％の高視聴率をあげた。テレビ局の制作部長が礼を言った。

「ありがとうございました、難しい成田ロケをやってもらって……スケールが出ましたね」

「成田なんか行っていませんよ、ロケ許可がおりませんでしたから」

部長は怪訝な顔をした。

「だって飛行機が飛んでいたじゃありませんか？？？」

『大空港』（1978～1980　©松竹）

『釧路の夜』（1968年　©松竹）

雨が降っても監督の責任「釧路の夜」

撮影の強敵に天候がある。ロケで雨に降られたら、それこそすべてがオジャンだ。オールスターが揃い、大仕掛けな準備をして迎えた当日がドシャブリの雨……こんなときの監督の気持は言いようがない。

すべてが灰色、人生の終わり、世界の終えんが到来したような気になる。もちろんロケに出て、雨に降られ、撮り残して帰ると監督の責任になってしまう。（中略）

栗塚旭・美川憲一主演『釧路の夜』のときである。

総勢六十人、ライトまで運ぶ五日間の大ロケであった。ところが美川君のスケジュールは着いた翌日のたった一日。（中略）

朝、雨の音で目が覚めた。

飛び起きて窓を開けると、物凄い豪雨、八時の出発まではとてもやみそうにない。

（中略）

ぼやきながら脳裏にいろいろの対策が駆けめぐる。（中略）

「あっ、三本の鉄橋があった……」

ロケハンのとき、釧路河口に並んで三つの鉄橋が掛かっていたのが印象に残っていた。

（中略）私は怒鳴った、

「出発！」

驚いたカメラマンがとんで来た。

「こんな雨でまわすのは無理です」（中略）

橋の下からカメラを街に向けると、釧路市がよく見え、逆に向けると太平洋の荒波を一望にして素晴らしい風景が展開していた。

栗塚・美川の二人を真ん中の橋の下に置き、カメラとライトをその両側の橋の下に置いてそのシーンを撮りあげた。もちろん遠い雨足が映らないように苦心しながら——バックの波も街も生きてうまく撮れた。

（中略）

その夜、スタッフとともに祝宴をもうけたが、その酒は旨かった……。

井上流合理的製作術と図解での演技指導

香港 大演奏会シーン「香江花月夜」

新東宝から香港ショー・ブラザーズ社に移った西本カメラマンの推薦で、邵逸夫（ランラン・ショー社長）がわざわざ来日されて監督契約をした。

昭和四十年末のクリスマスに招かれて九龍のショー・スタジオを見学したが、空港に迎えに来てくれたのが当時の製作責任者で、いまでは世界的な大プロデューサーに成長した鄒文懐（レイモンド・チョー）氏であった。まず時代劇の予告編を見せられ、その凄まじい物量に圧倒された。

「こんな凄い映画を作るのに、どうして日本から私を招聘したのか？……」

私は戸惑いを感じて複雑な気持ちであったが、次に本編を見て二度びっくり。逆にドラマが幼稚、というよりまったくない。話の運びのテクニックやカットの切れ味はなく、ただだらだらと冗長なシーンが続き、モブ・シーンだけがやたらに金をかけて凄い——映画になっていなかった。

「これならやれる」

やっと安心した。

（中略）

四十一年春を最初にその後五年間、毎年三カ月のビザで二本ずつ、計十本を香港で撮った。

（中略）

大演奏会シーンがあり、セットに劇場を組んだ。労働力が安いからセットは安上りであったが、観客のエキストラをどうするかが問題である。

数百人を必要とするところを私は百人でいいと言った。ただ坐っているだけである。そんなところに無駄な金をかけたくなかった。客席の中央通路の後部からロー・ポジションで狙えば、その列の人々しか見えず、百人で充分である。その代りサイドにやぐらを立て二階席の一部を作り、数列の観客をカメラ前においてステージを見下ろす俯瞰ショットを狙うと、これも百人で充分に劇場満員の効果を出せる。

（中略）撮影中ショー社長がセットに現れた。

（注・エキストラの数を聞いて）怪訝な顔でセットを見まわした。

（中略）

そのうち、私のカメラ・ポジションとアングルをみて、ショー社長の表情が変わっていく。即座にショー社と契約中の全監督、カメラマン、美術監督に招集がかかった。集まった人々にセットの片隅で物凄い迫力でしゃべっている。通訳がその意味を伝えてくれた。

「金をかけることばかりが仕事ではない。その使い方を考えろ！　井上導演（監督のこと）は決して妥協しているのではない。金を使うシーンを計算しているのだ」

老社長の声は迫力に満ち、その顔は輝いていた。

図解での演技指導

セットに出演俳優を集めて演技学校を開いた。日本で口癖のように言っている言葉、「短い時間にたっぷり芝居をしろ」

この、一見矛盾した言葉を通訳をとおして話してもなかなか通じないので、絵で描いて説明した。

たとえば、A・B・C三つの芝居がある（第一図）。

これを「半分の時間で演じろ」と要求されたとき、第二図のようになってはいけない。

邵氏が井上梅次とそのスタッフに期待していたのは「表面的異国情緒」よりも、むしろ本場のミュージカルを撮れる技術（撮影・照明・美術・編集など）であるからだ。（『香港・日本映画交流史』より）

戦後、現代ミュージカルを積極的に推し進めた日本人監督といえば井上梅次の存在に触れなければならない。実際、邵氏のためにミュージカル映画を撮った外国人監督も彼しかいない。三人姉妹を描いている『香江花月夜』は、日本映画『踊りたい夜』（1963/井上梅次/松竹制作）の翻案にあたる。物語はほぼ同じであるが、豪華さや娯楽性は香港版のほうがいいと、井上梅次本人もそう言っている。（『香港・日本映画交流史』より）

なぜならこれではセリフを早口でしゃべるだけで、ボリュームがない。芝居の面積、容積が少なくなっている。第一図を第二図の時間でやり、芝居のボリュームを同じにするためには、第三図になってこそ正しい。

つまり「キメ細かく、充実した芝居をやれ」ということだ。さらにこの意味を「簡潔にして充実」——こう書いて筆談で説明した。

第一図

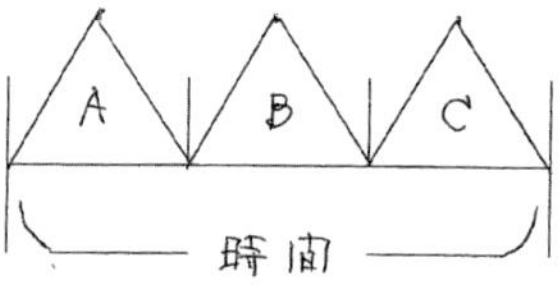

第二図

第三図

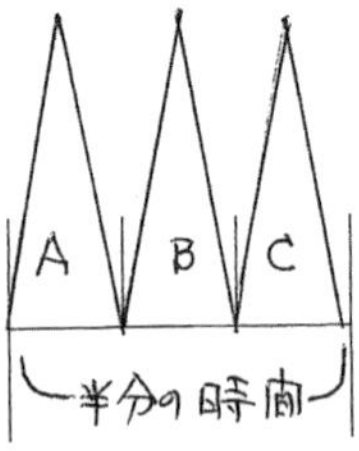

（中略）

「人間の進歩向上は上昇斜線ではない。段階斜線である。

一生懸命努力すればするほど、それに比例して向上するものではない。いくら努力しても行きづまって少しも進歩しないときがある。そんなときこそ人間の勝負だ。諦めたら終わり。その苦しみに耐えながら、さらに努力を続けていると、ある日ふと目が開くときがくる。急に視野が広がり、何もかもわかったような気がしてくる。蓄積がものをいいだしてきたのだ。こんなときに人間は急速に進歩する。（中略）」

私の信条である「平凡にして非凡」も筆談で説明した。

「通俗映画を高い知性と教養で描いてこそ面白くなる。自分の知恵を売るような難しい言葉を使わず、さりげなく人生の真実にふれてこそ映画は傑作になるのだ。芝居もそうだ、わざとらしく演じるな。自然にやれ」

口で表現できない秘訣を、言葉が通じないから苦しまぎれに画や筆談、手振り物真似、そしてカタ言の英語、中国語のチャンポンで説明したのだが、みんなわかったような顔をしてうなずいていた。

果してどこまで理解していたか、それは疑問であったが、少なくともこんな講義が私自身のストレス解消に役立ったことは確かであった。

井上手書きの図

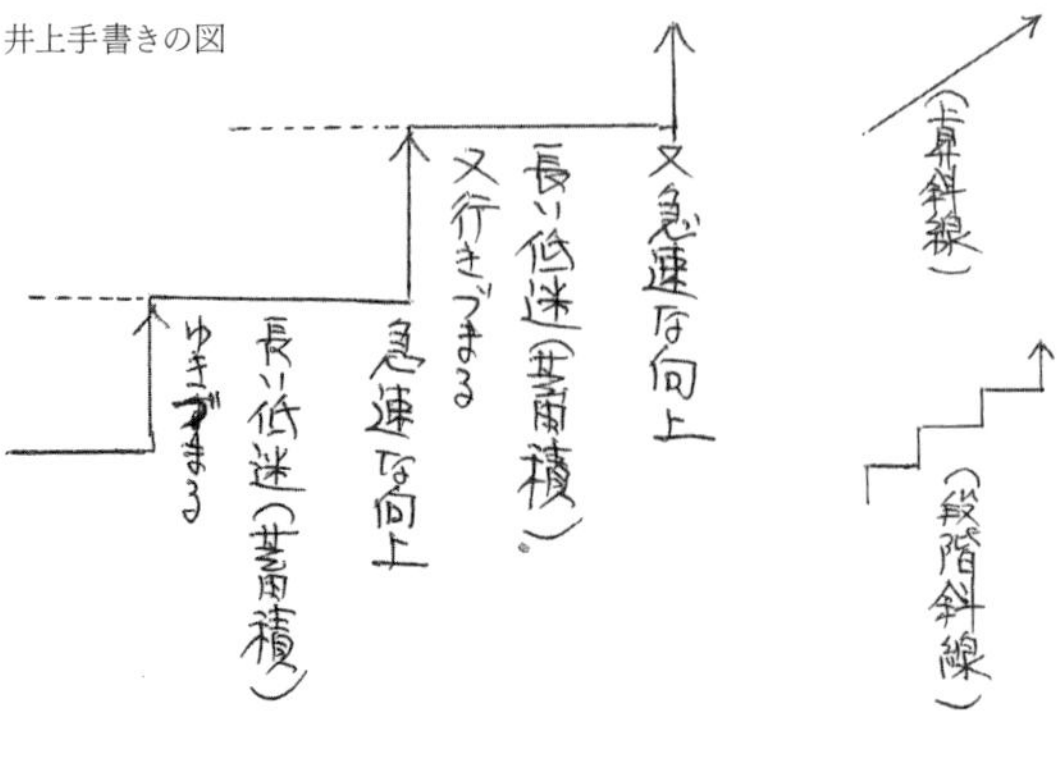

井上梅次の「映画には必ず歌と音楽を」という理論が、中国人の「無歌不成片」という好みにうまく噛みあっていることは無視できない。50年代から60年代にいたって香港にやってきた日本人監督のなかで、本名を名乗ったのも井上梅次一人しかいないことは、本人の意志のほか、邵氏の彼への特別の扱いも反映しているのだろう。(『香港・日本映画交流史』より)

香港映画界　日本技術を導入

「自分の視野をひろげ、ドラマの舞台を大きくする意味でもやりたい仕事なので引き受けた。香港の映画は技術、内容とも予想以上に水準が高いし、言葉の障害も大きいので、甘くは考えていない」（報知新聞　昭和41年1月27日より）

香港では思想がダメ　頭の痛い？井上監督

「ショウ氏との会談で私の作品が全部香港で公開されており、香港では私が〝知られた監督〟らしい。映画を一本まかされたが、右は台湾、左は中共であり、とにかく〝思想〟は困るそうだ。〝平和〟も思想だからダメ……結局メロ・アクション式ものになると思う。（東京タイムズ　昭和41年1月27日より）

香港映画でも「嵐を呼ぶ男」

「〝嵐を呼ぶ男〟ともう一本、ミュージカルをたのまれています。（中略）現代に生きる若者のエネルギーみたいなものに、向こうの製作者連中が魅力を感じたんでしょう……」

　この作品は井上監督のオリジナル脚本なので、原作権は同監督にある。だから同監督から了解さえとれば、原作権ウンヌンのわずらわしさはないわけだが「向こうには小説がないから、原作権もなにもない。盗作なんてしょっちゅう。こんどの場合、いくらか演出料がふえているでしょうけど……」ちょっぴりニガ笑いの井上監督。（スポーツニッポン　昭和42年1月12日より）

製作のコツ

芸能にいちばん必要なのはセンスであることには間違いないが、その表現に計算を忘れることはできない。計算は芸能に欠くべからざる要素であるのだ。

(『窓の下に裕次郎がいた』より)

「職人芸というが、映画ってものは、見ておもしろく楽しいものでなくちゃいけない。映画に限らず作家、つまりものを作る人は、職人だと思う。僕はそういう意味では映画職人でしょうね」

(夕刊フジ昭和58年6月4日より)

天才は別である。我々凡人は、他人のものを、盗んで、計算して、自分のものに「創りあげる」――これができたときの楽しさはまた格別である。これは「模倣」ではなく、もう立派な「創造」なのだ。

（『窓の下に裕次郎がいた』より）

井上の下で助監督を務めた湯浅憲明によると、「映画監督は『一つのシーンを撮るのにどれだけの費用や時間がかかるか』の計算が出来なければならない」が持論であり、当初のイメージ通り撮影することが予算や時間の制約で無理と判ると、即座に制約の中で可能なイメージを追求する柔軟性を持っていた。

江戸川乱歩原作『黒蜥蜴』（1962年　大映）で、戯曲化した三島由紀夫と音楽を担当した黛敏郎

第三章
物創りのバイオグラフィー

　京都に生まれ、商業高校で銀行員を目指し慶応大学経済学部に入学した井上は、第二次世界大戦という激動の渦に巻き込まれ、学業半ばで学徒出陣することになった。そこでは持ち前のバランス感覚と行動力で物資の集配に貢献、組織づくりと人を生かすことの面白さを知る。

　終戦で復学するとアルバイトが必要になり、高校の先輩の縁で映画の助監督としてさまざまな雑務をこなしていく。戦時に学んだ段取りの良さ、対人能力で優秀な助監督として認められるようになり、そのまま映画界に入ることになる。稀有な創作力と実務能力を兼ね備えた井上の人生の軌跡。

京都市下京区堺町で米屋を営んでいた父・栄太郎

母・はなと円山公園にて

映画監督が五人も出た商業学校

一九二三年（大正一二年）五月三十一日、京都に生まれる。

私は間違って映画監督になった男だが、そのいきさつに触れておこう。「京都市立第一商業学校」という、商業学校としては全国で三番目に古い伝統をもつ学校の出身である。

（中略）

母校・京都一商はこのほか（注・山中貞雄）に、巨匠・マキノ雅裕、その一年先輩の久保為義監督、私の一年先輩の内川清一郎監督、それに私・井上梅次。この五人の映画監督が出ている。

（中略）

中学生が一人で映画館に入ることは禁止されていた。

私は級長をしていたので、教護連盟に捕まったら大変である。その目を避けて、木屋町から三条通りを越え、朝日会館の脇道に出て裏口から素早く入った。こんな苦労をして見たのが名作『人情紙風船』であった。

庶民の怒り、苦しみ、悲しみが私の小さい胸をうった。映画とはなんと素晴らしいものかと思い、それからすっかり映画ファンになり、あらゆる方法で教護連盟の目を盗んで映画を見てまわった。

（中略）

しかし、まさか後年映画界入りするとは夢にも思わなかった。

写真上：京都市立第一商業学校（現・京都市立西京高等学校）4年のとき。裏口から映画館に通っていた
写真下：バスケットボール部に入部。（2列目右から2人目）

自身の部屋と思しきスナップ。ギターとスターのブロマイドが

軍隊——その刺激的な日々

慶応に進学して経済学を専攻したが、昭和十八年すべての大学が閉鎖され、「学徒出陣」となった。

(中略)

そして「またも敗けたか九連隊」といわれる、日本でいちばん弱いという評判の京都深草の第三十七部隊の第二機関銃中隊に入隊した。のちにその連隊はフィリピンに出陣した。もしそのまま機関銃を射っていたら、十中八九戦死していただろう。

まことに運命は不思議なもので、私は経済学を専攻していたおかげで経理部幹部候補生に選ばれ、満州・新京の「関東軍経理学校」に入学した。ますます映画とは反対の道を進んでいたのである。

(中略)

そのままソ満国境に配属されていたら、これまた映画監督になっているどころか、早々とシベリヤの僻地でくたばっていただろう。それが卒業の十日前盲腸炎にかかり、新京陸軍病院に入院した。さいわい慢性で薬で治ると言われたが、切ってくれと頼んだ。どうせソ連国境に配属されると覚悟していたから、医者のいないところで再発したら困ると思ったからだ。

ところが手術したために私は宇品の「船舶輸送司令部」に配属され、半月後、門司の「第一船舶輸送司令部」に転属して糧秣担当主計となった。

(中略)

下関の糧秣倉庫に行き、食糧を受け取って輸送船団に乗せるのが仕事だが、日本本土は激しい空襲にさらされているため、集結は計画通りいかない。

(中略)

運ぶだけが私の任務、一士官にそれ以上の権限があるわけがない。た

学徒出陣壮行会。1943年大学は閉鎖され、京都深草の第三十七部隊の第二機関銃中隊に入隊した。（前列左から2人目）

慶応で経済学専攻だったことで、満州・新京の「関東軍経理学校」に入学。1944年6月～11月。（後列右）満州第815部隊に配属、同じ区隊に後の政治家の宇野宗佑がいた。

だ呆然と手をこまねくばかり……。

（中略）

この仕事に私は心身ともに疲れた。司令部の許可を得て糧秣部を拡張することになった。（中略）

総勢十五名の糧秣部を作りあげると、あれほど忙しかった私の仕事が急に楽になった。

「金より人」、そして「組織」をつくりあげることの大事さを身にしみて覚えたのは、このときである。

（中略）

間もなく終戦——経理将校だったので残務整理のため遅れて復員し、ふたたび東京に戻って大学に復学した。二十二、三歳にして得た貴重な体験であった。

銀行マン志望の経済学生だったのに

食糧難・住宅難の東京に住めるわけはなかったが、大学の恩師の家に居候させてもらって、最初の試験で卒業までの全単位をとった。あとは授業料を支払って、卒業論文を書きさえすれば、学校に行かなくても卒業できた。

（中略）

私の夢は銀行マンであった。（中略）金融界も民主化しつつあったのだ。

（中略）

〔私でも頭取になれる！……〕

私はそれを夢みた。

そのころ、「京都一商」の先輩・内川清一郎氏が、長谷川一夫先生の紹介で東宝の助監督になり、たびたびご馳走になっていたが、そこへ東宝争議が起った。

（中略）

撮影所はスタッフ、俳優、ともに分裂して「新東宝組合」が独立し、一日も早く映画がほしい東宝は、この組合に製作費を送った。

（中略）

東京で暮らすからにはアルバイトをしなければならない私は、内川氏の紹介で助監督サードとしてこの撮影に参加したのである。

（中略）

タイトルは『縁は異なもの』。監督は時代劇のベテラン・石田民三氏、加賀邦男、朝雲照代、エンタツ、アチャコ、柳家金語楼主演の時代劇コメディーである。

スタッフが足りないため、私は助監督のほかにスクリプターに演技者係、夜はスタッフの食料買い出しのため製作助手も勤めた。

私のいでたちは滑稽であった。

台本とスクリプト用紙を胸に掛け、腰にトンカチをさして監督の「よう

い――ハイ！」の掛け声とともに、カチンコを叩き、首から吊るしたストップ・ウォッチを押して、俳優のしゃべるセリフを記録するのだ。

（中略）

叱られてばかりいた。

俳優を呼びに行くのも、夜ヤミ米を買い出しに行くのも私の仕事、疲れのあまり昼間衣裳部の奥でぐっすり寝込んでしまうと、スタッフが大騒ぎして捜したという。

「君がいないと困るんだよ……」

（中略）

「ザマをみろ！」

と内心溜飲を下げたり、夜間ロケの闇のなかで悔しさに声をあげて泣いたこともあった。

（中略）

全撮影が終わって東京に引き揚げて来ると、「新東宝」という会社ができあがっていて、新任の所長が呼んでいるという。

「こっちはアルバイトだ。さんざん現場で叱られて、また叱られるのか……」

ことと次第によってはケツをまくるつもりで所長室に行くと、柔和温厚な竹井諒氏がニコニコして話しかけた。

「君が井上君か……とてもよく働いたという評判だ」

（中略）

「この会社は新しくて人が足らん。このまま残ってくれないか……」

もちろん、無試験採用である。私は迷ったが、働きぶりを買われて悪い気はしない。もともと映画は好きでよく見ていた。

（中略）

興味ある世界だった。何よりも自分で働いてみて、その刺激がたまらなく私の血を沸かせていた。軍隊で自信をもっていた私は、

「この未知の世界でもやれる！……」

こう思って心を決めた。――

長谷川一夫の激励に感激

経済専攻の私が、映画界という畑違いの世界に飛び込んだのだから、悩みも多かった。

やめようと思ったことが何度もあった。異質の世界に入ったことより、あまりにも封建的な体質にいや気がさしたことのほうが強かった。

（中略）

そんなときのこと、長谷川一夫主演『大江戸の鬼』のセカンド助監督として仕事をしていた頃だったと思う。長谷川先生に昔からついていた照明の神様と言われる藤林甲技師（フジやん）が助監督室に入ってきて、そっと私を手招きした。

「梅ちゃん、長谷川先生がほめていたぞ」

「えっ、何を？……」

当時、我々にとって先生は雲の上の人である。ほめてくださることがあるなら、どうせ些細なことだと思ったら、

「『あの助監督は人が十年かかるところを三年でやる。人が三年かかるところは一年でやる男だ。きっと早く監督になる』――こう言っておられた。がんばれよな……」

感激であった。

天に昇る気がした。

この言葉がどんなに私を勇気づけた事か！　私はこの一言を信じて助監督を続けた。私の今日あるのは、この言葉によるといっても過言ではない。

脚本の書き方を会得する

助監督の仕事は面白かった。仕事が一つとして事務ではなかった。すべてが創作であった。

(中略)

ところが半年ほどたって、試験をパスした大学出の助監督が数名入社してきて、私の気持は一変した。八割が文科系であった。難しい文学論や哲学論が助監督室で論じられだした。

(中略)

議論においてゆかれて、慌てた。

〔やはり道を間違ったのではないか……〕

悩んだ。

しかし就職試験のすんだいま、もう引き返すことはできない——進むより仕方がなかった。

(中略)

〔シナリオだ!……シナリオが書けなければぜったい監督になれない——よし、シナリオを勉強しよう……〕

幸い私は多くの映画を見ていた。アイデアは豊富に持っていたので、決意した日から机に向かった。頭のなかには書きたいことがいろいろ渦をまいていたが、原稿紙に向かうと一行も書けない。

(中略)

現場の仕事をしながらそんな生活が続くのだから、辛い一年であった。

(中略)

だんだん目も開けてきた。「捨てる」ということがわかってきたのだ。私はあまりに欲張り過ぎて、何もかも書こうとしたのだ。

(中略)

甲から出発すれば、いくら面白くてもA、Bは捨てて、乙、丙とつながなければならないのに、甲の次にAを書き、次に乙を入れてBにつなぐ欲の深い考え方で執筆にのぞんだから、すぐ行きづまっていたのだ。

「捨てる」コツに気付いたとき、目が覚める思いがした。それ以来、飯をたべながら、打ち合わせをしながら、筆が走るようになった。裕次郎映画『鷲と鷹』はこの期間、柳行李のなかに投げ入れられていた原稿であった。

『山の彼方に』(1950年　新東宝)助監督として下田ロケに参加。
監督・千葉泰樹　出演・池部良　角梨枝子　若山セツ子ほか。(右端)

『群衆の中の太陽』（1959年　©日活）撮影時に小林旭と

日活で大きな飛躍

僕はそれまでいた新東宝を辞めて、昭和三十（一九五五）年に日活と契約したんです。その頃、日活の監督にはベテランの田坂（具隆）さんとか滝沢（英輔）さん、僕の師匠の佐伯（清）さんなんかがいたけれども、西河（克己）さんを中心とした松竹系の人が多かったんです、川島（雄三）監督がリーダーでした。助監督の大半は松竹出身者でした。新東宝からはスタッフで照明の藤林甲、録音の神谷正和という素晴らしい技師が来ていたけれど、彼らは初め、僕の作品についてくれなかったんですよ。でも、僕が二、三本撮ってからいっしょにやるようになって、あとから入って来たキャメラマンの岩佐一泉さん、一時僕の家にいたことのある助監督の舛田利雄君と、のちに小さいながらも僕の一家をつくることができたわけです。藤林、神谷というのは日活の照明、録音の功労者ですよ。

ただ日活にはスターが少なかった。これは〝五社協定〟があって、日活に行った俳優、監督は既存の五社では一切使わないということだったから、みんな相当な覚悟で入って来たり、中には元の会社に戻る人もいたわけです。入って来た俳優は三國連太郎、三橋の達ちゃん（達也）、大坂志郎、長門裕之、それから女優では北原三枝、南田洋子、新珠三千代、少し遅れて月丘夢路、新人で浅丘ルリ子――彼女はプロデューサーの水の江滝子さんが見つけて、僕が芸名をつけ、『緑はるかに』（昭和三十年）で主役をやったんだけど、それとSKD（松竹歌劇団）を退団した芦川いづみといった人たちです。（中略）だから、日活は新しいスターを育てなくちゃいけなかったんですよ。

当時の日本映画は自然主義文学の影響を受けて、社会の封建性や生活苦を描く文芸映画が主だったわけです。だけど、戦後、日本は急速に復興して来て、ジャズとかアメリカ文化がどんどん入って来ていた。だから、若い監督たちは画面から手足がはみ出るようなバイタリティあふれる映画をつくりたい、――それが僕ら新人の夢だったんですね。

（『日活1954〜1971』所載　裕次郎時代の幕開けについて　より）

『暗黒街最後の日』（1962年　東映）三國連太郎と

『東京の幽霊』（NTV　1959/10/14
ヤシカ　ゴールデン劇場）

テレビに進出

昭和34年、これまでテレビドラマのオリジナル作品を7本ほど書いた井上は、『東京の幽霊』で初の演出に取り組んだ。その際インタビューに答えて、次のように答えている。

「映画とテレビドラマの演出は、フレームとスクリーンの差、演技のタイミングの違いなどから、演出の技術的な処理の面では当然別なやり方が考えられなければならないが、演出の基本的なところは同じではないか。だから近い将来に、ビデオテープが、フィルムなみにシャープな編集ができるようになったりして、テレビの技術的な面が解決されてくれば、映画の演出法と全く同質のやり方だってできるようになると思う。

ただテレビドラマの場合、取り上げる対象や素材は、映画とは違ったものを選ぶべきだろう。たとえば小味のきいた、シャレた翻訳調のものなど。わたしがオー・ヘンリー的な世界をねらったのもそういうつもりです。それとテレビは映画と違って、費用や時間的な面で余裕が取れない半面、演出家やプロデューサーの意欲次第で相当率直に自分のやりたいことができる。これはわれわれには大きな魅力です。もちろんこんごもテレビドラマには大いに取り組んでいきたい」（西日本新聞　昭和34年7月1日）

荒唐無稽でなぜ悪い

「土曜ワイド」がまだ一時間半番組であった初期、江戸川乱歩の「吸血鬼」を原作にした『氷柱の美女』が企画された。鬼のような顔をした吸血鬼が現代の東京の街を走り廻るのだから、こんな荒唐無稽な話はない。

（中略）

どうしてこんな荒っぽい企画が通ったのか疑問に思いながら、

〔馬鹿馬鹿しい作り話と思われては終わりだ。ハラハラドキドキさせるスリルとテンポで見せきってやろう〕と思った。

見ている間は空々しさを忘れさせて、ドラマが終わってから、

〔面白かった。夢中で見たが、よく考えてみるとこんな馬鹿な話はない。うまくだまされた……〕

こう思わせるのがこっちの作戦だ。

（中略）

完成した出来ばえは我ながら上出来で、

〔これは自分の最近の傑作だ……〕

内心自負しながらテレビ局のプロデューサーに電話すると、

「まったく荒唐無稽な話、どうしてこんなものを作ったかと、評判がまことに悪い」

という意外な返事。企画を出したのはこちらではない。荒唐無稽は最初から口をすっぱくして言っていたことだ。

〔いい加減にしろ〕

と腹をたてたが、放映されてみるといままで10％を割っていた「土曜ワイド」なのに、17％という高い率を獲得した。

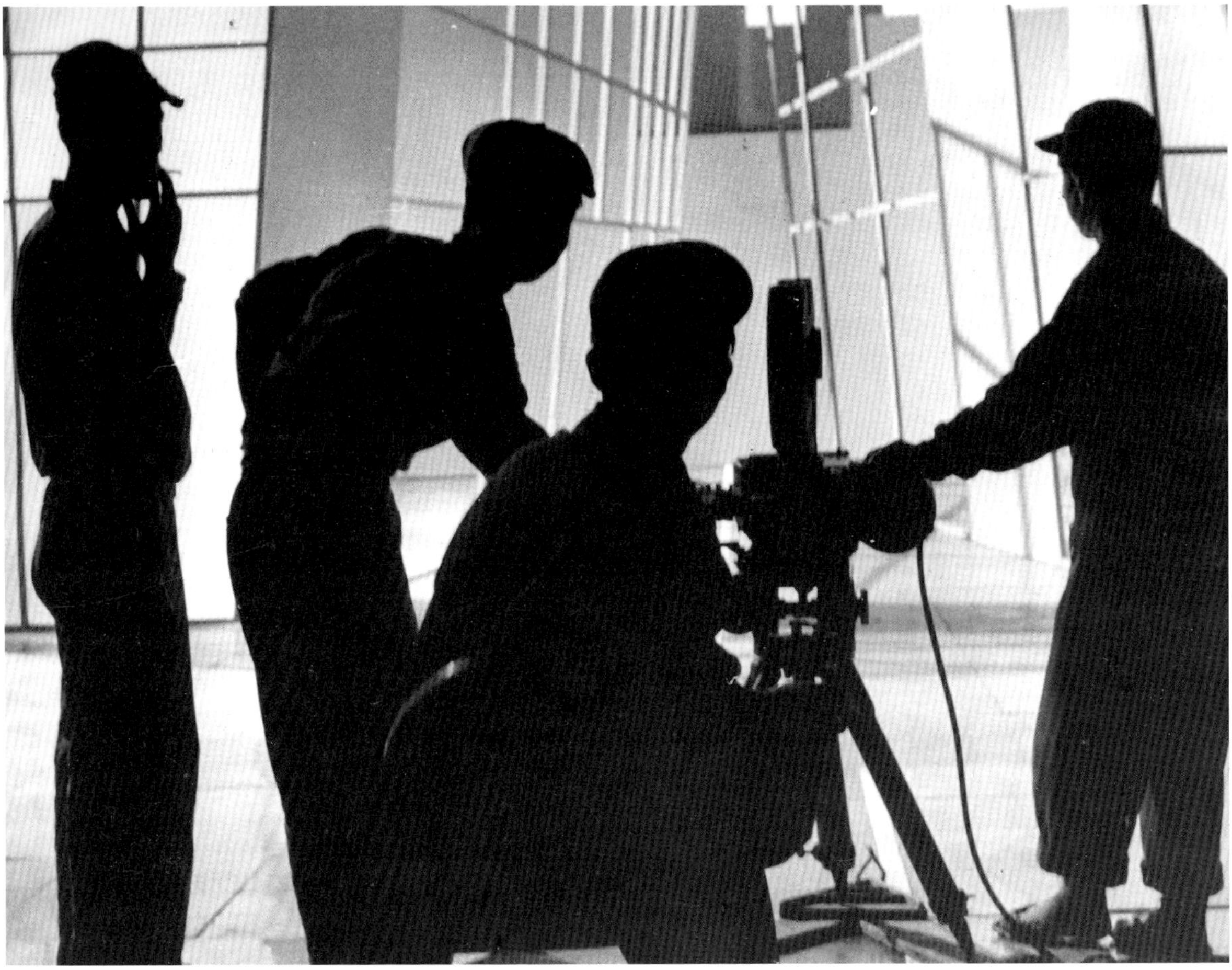
本人が撮った井上組のスタッフたち

日本映画はなぜダメになったのか

一、なんといってもテレビの出現が第一の理由であろう。
テレビが世に出たころ、映画人は「電気紙芝居」といって馬鹿にしていた。
しかし私は、
〔かつて活動写真というものが発明されたその瞬間において、芝居のお客は半分取られたと思うべきで、同じようにテレビという視覚の娯楽が茶の間に入った以上、飯を食べながら、酒を飲みながら、すべて〝ながら〟にして楽しめる以上、映画もまたその観客の半分を失った〕
こう考えるべきだと思っていた。
昭和三十三年ごろはNHKと日本テレビしかTV局はなかったが、映画監督としてはじめてスタジオに勉強に行き、台本を書き、ドラマも演出した。それはテレビ・ドラマがやりたかったのではない、競争相手を研究したかったからだ。その結果得た結論は、
〔ホーム・ドラマは完全にテレビに食われ、映画はテレビでできないスペクタクルやアクションでなくてはダメ〕
従来の信条がますます強くなった。
二、通信・交通の発達
（中略）
三、大衆が豊かになった。
（中略）
四、日本映画界の娯楽映画に対する偏狭な認識が、テレビに対抗するために大画面と音響の力を利用した新しいジャンルの企画の障害になったことも、いなめない事実である。
（中略）

ところが日本映画界は、文芸映画と娯楽映画をはっきりと区別して、文学の影響をうける映画を上質とした。

（中略）

もちろん資本が小さいからスペクタクルは作れないのだが、企画の幅が狭いからマーケットも小さい、世界に売れない、だからますます資本が細る。たがいに原因となり結果となって、大仕掛けな娯楽性とコクのあるドラマの融合した作品ができずに、今日にいたってしまったのである。

どの映画会社も撮影所を貸ステージにして、欠損会社として独立させて、危険な製作には手を出さなくなった。いまや映画会社の実体は不動産会社である。なにしろ、十五億かけて五億も戻らない映画がおうおうにしてあるのだから。

しかし私は日本映画が道を失ったもう一つの原因は、

五、映画会社幹部の映画に対する情熱の薄さと、国際性の欠如だと思っている。世界に売れる映画があまりに少ない。

芸能のコツは人生のコツなのだ

時代はめぐり、刻々と変ってゆくが、歴史は繰り返している。時代の流れを読み取って、先輩の教訓を生かしながら、新しい方法でその波に乗る人が現れたら、裕次郎以上のスーパー・スターが誕生してくるだろう。

人間は小さい変化に目を奪われ、大きい変遷を見逃しがちだが、時代は繰り返しているのだから、芸能界の先輩の歩んできたコツは、得難い処世術であり教訓である。そして「芸能のコツ」はただ芸能界だけのものではなく、「人生のコツ」なのだ。

過去に謙譲に、そして未来に豊かな夢を持つと、世の中は生き生きとして自分の出番を感じるものである。

盗んで、計算して、自分のものに

芸能にいちばん必要なのはセンスであることには間違いないが、その表現に計算を忘れることはできない。計算は芸術に欠くべからざる要素であるのだ。

よく新人にいう言葉がある。

「ドラマは数秒の芸術である」と——。「短い時間にたっぷり芝居しろ」という言葉と同じ意味でもあるが、一秒単位で芝居する人には、十分の一秒単位の細かさを要求し、十分の一秒単位で芝居する人には、百分の一秒単位の細かさを要求する。

口で表現できないことをあえて言葉にするのだから、ときとしては極めて抽象的な発言になったり、あいまいな言葉になる。

(中略)

まったく当り前のことだが、芸能の秘密もこのごく当り前の言葉で語られる場合もあれば、十年後になって初めて思いあたる抽象表現の場合もある。要は「神髄」というものの難しさだろう。こうなると、言いかたよりのみこみ方のほうが大事ということになる。

こんな表現もする。

「芸の奥義は、『時』を止めて、読め！」

こまかさを読みとれ、ということだ。これのできる人は急速に伸びる。どの世界でも、秒数を読みとる細かい神経を持った人が勝つことは間違いない。これが「プロ」というものだ。

しかし努力もさることながら、訓練と〝慣れ〟も必要である。私はフィルムを扱って何十年になるが、当然その細かさは読める。劇場映画は一秒が二十四コマである。一コマの前後をあわせて三コマつながって、はじめて人間の目に映る映像となる。観客が一秒、二十四コマを摑むことは難しいが、長くやっていると三コマ、四コマの違いがすぐわかって、

「あのカットの頭、三コマ切って——

あの尻、五コマ足して——」

と言えるようになる。〝慣れ〟というものはおそろしいものだ。

(中略)

我々凡人は、他人のものを、盗んで、計算して、自分のものに「創りあげる」——これができたときの楽しさはまた格別である。これは「模倣」ではなく、もう立派な「創造」なのだ。

この心があれば、芸能も、研究も、ビジネスも、オフィス事務も、みんな楽しくなるはずなのだ。

世田谷・大蔵の自宅　愛犬家で3匹の犬を飼っていた。

世田谷・大蔵の家

私とわが妻・月丘夢路との出会いは昭和三十一年、日活の『火の鳥』ということになっている。しかし私はその数年前、一助監督として彼女と仕事をしたのだが、それを月丘は知らなかった。

新東宝・島崎雪子主演の『夜の緋牡丹』という映画で、特別出演の月丘がドレスを剃刀で切られるカットがあった。あらかじめドレスを切って糸で結びつけておき、男が剃刀を走らせると同時にドレスを下から引っ張るため、私は彼女の足下に寝転んでいたのだ。そんな新米の助監督を大スターが知っているわけがなかった。

（中略）

女優と監督が結婚すると、監督が女優の家に入る場合が多い。収入ははるかに女優のほうが多いからだ。私の場合も月丘のほうが多かったが、私には父と母のために買った土地があった。そこに家を新築して彼女を迎えた。

「俺は女優の家に入らず、女優を監督の家に迎えたぞ――」

結婚当時、これが私の内心の誇りであった。

自宅には池があり、大きな鯉が泳いでいた。周囲は、武蔵野、多摩川の川縁の雰囲気が残っていて、野菜畑と雑木林に囲まれていた。

書生　学問をする者、とくに若者を総称してほぼ明治期まで用いられた言葉。また、他家に住み込んで家事を手伝いつつ学ぶ学生のことをさす場合もある。（コトバンク　世界大百科事典より）

書生の面倒をみて

世田谷区大蔵の自宅で、井上は東京農業大学に通う学生の援助をしていた。いわゆる〝書生〟。三食、部屋付きで、賃料0円。学費はもちろん、お小遣いまで……。その数は22名に及んだ。


（元書生のメッセージより）

当時の先生宅の周りは、武蔵野、多摩川の川縁という雰囲気が残っていました。

（中略）

当時先生宅では3匹の犬を飼っていました。その散歩も私の仕事でしたが、よく丘陵地帯の藪に行くと、犬達がウズラなどを追い出して、時には雉も出て来たことには驚いた事があります。

（野口紘一）


先生は、「肩書き」で人を判断する人ではなかったので、学生だった私を、対等な個人として扱ってくれました。とにかく「学業最優先」だとおっしゃっていてくれて、滅私奉公を強いる方ではなかったです。

先生の生き方が、一番勉強になりました。財をなし、名をなしている方なのに……。

（塩沢昇）

追悼・井上梅次

　井上梅次さんや私が助監督から映画監督になった時代は、映画は未だ第三芸術とか、第七芸術とかいわれて、本格的芸術作品とは思われていませんでした。

（中略）井上梅次さん、通称・梅ちゃんはそういう大衆的映画づくりの波に乗って、石原裕次郎さんを育てた監督です。

（中略）

井上さんが居を構えたところは、世田谷区の大蔵です。そしてここにおいて彼は人生での蔵を立てました。

（中略）

彼は一方で、ギターを愛し、花づくりを愛し子犬のワンちゃんを愛し、自分の食べている箸で餌をあたえるような人間でもありました。大スター月丘夢路さんが、梅ちゃんにひかれたのは、そうした彼の人間的な面をみたからだと思います。

（中略）

話は食の方になりますが、井上さんは、京都育ちの方ですから、いろいろ伝統的な京都の味を楽しませてくれました。

（中略）

ひとり娘の絵美さんが、料理研究家として一人立ちされたのは、井上さんの味に対するセンスを受け継がれたからだと思います。

井上さんは、彼女の書かれた料理の本を私達に配り、子煩悩なところもみせています。

（中略）

井上さんは、一線を退かれてから、映画界だけでなく数多くの知人たちを有楽町のバーに招き、高価なお酒や、美味しい食べ物を振舞ってくれました。

　それも毎月のことです。皆で楽しむことも好きな人でした。

後輩代表　石川義寛（「シナリオ」２０１０年５月号より）

「面白さ」を見極めた企画の力

舛田利雄

井上さんは新東宝（今はありませんが東宝争議の時、争議反対の長谷川一夫さんたちが独立して立てた撮影所）での私の先輩です。京都の米屋さんの息子で、京都商業から慶応の経済学部に入り、学徒動員（戦争中学生を徴用した）で陸軍の門司の兵站基地の将校として実務につき、終戦後アルバイトで新東宝の助監督になり、卒業後もそのまま続けたが、その商業的眼差しは鋭く、助監督なんて長くやるものじゃないとシナリオを書きはじめ、その発表のため〝かえる〟なる機関誌を作り、自作を発表したり、コンクールを行い、映画製作の基盤を着々ときづいていった。その着眼と行動力は目を見張るものがあり、あまたの先輩を追い抜いて、僅か四年程で監督に昇進したのです。監督になってからもその行動力はますます磨きがかかり、松竹・東映など各社を渡り歩き、一線の演出家となって行きます。彼の特色はその企画力にあります。決して原作にたよるのではなく、その時代の流れを見極め、するどく現実を把握して作画してゆく。それ故、彼の作品は芸術性などと言うより、観客動員の高さが評価されます。見ていて面白いのです。面白いから客がついてくる。客がついてくれば映画製作会社も喜ぶ。彼はこの点を追求してゆきます。何が面白いのか？　今の客は何を見て面白いと思い感動するのか？　作品製作の原点をここにおいて、彼は骨身をけずってゆきます。かんたんなように見えて、実はこれが大変な事なんです。観客といっても千差万別、一人一人がそれぞれ異なった感性を持って見ます。その最大公約数的なものを把握して、自己の中で燃焼し、作品として構築してゆく、これが映画製作の過程です。彼は真剣にこの過程を歩みました、真に大衆の欲するものを見抜き、その欲するものを作りました。井上さん、あなたは大衆のための映画作家でした。

冥福をお祈りします。

映画監督（日本映画監督協会会報　2010.3
No.638「追悼　井上梅次監督」より）

人生訓

怒りは無智
泣くは修業
笑いは悟り

人生正道是滄桑

友　遠方よりつどいて
酒うまく肴うまく　人情更にうまし
花は美しい　人の情はもっと美しい

成功の一番の近道は
努力という昔風のやり方である

過去の過ちに学び
明日のエネルギーを創る
過去に謙譲に　未来に夢をもって
努力は天才に優る

（井上の手帳より）

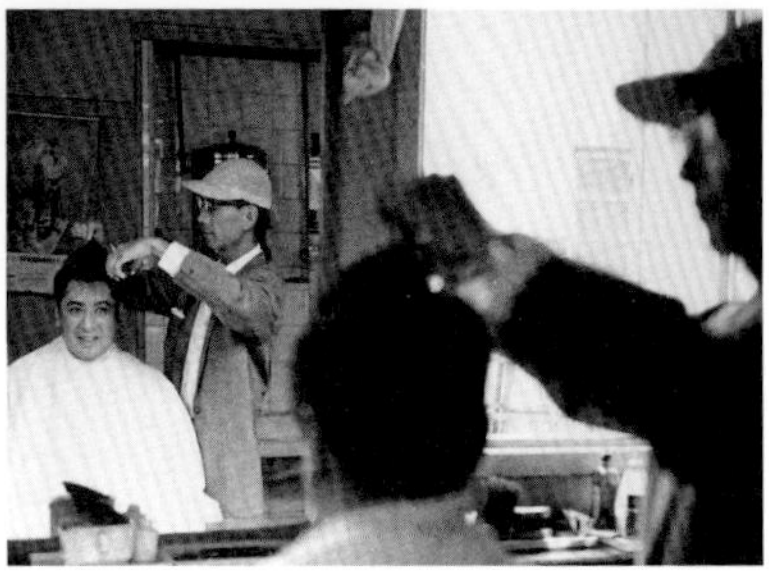

人間は小さい変化に目を奪われ、大きい変遷を見逃しがちだが、時代は繰り返しているのだから、芸能界の先輩の歩んできたコツは、得難い処世術であり、教訓である。そして「芸能のコツ」はただ芸能界だけのものではなく、「人生のコツ」なのだ。

過去に謙譲に、そして未来に豊かな夢を持つと、世の中は生き生きとして自分の出番を感じるものである。

（『窓の下に裕次郎がいた』より）

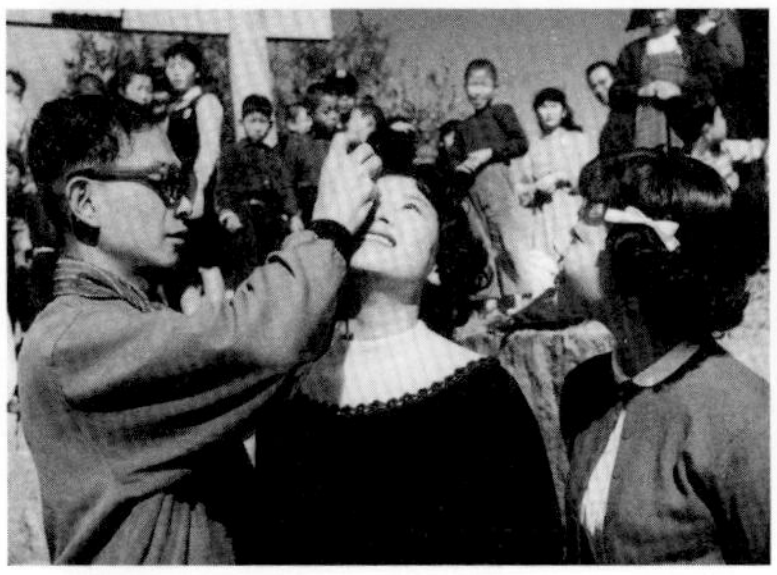

出会えて、よかった

カントクは新東宝から、私は松竹から日活へ引き抜かれ……
『火の鳥』という作品で、初めて一緒に仕事をする事になりました。
どんなカントクなんだろう？　とスタッフに聞くと、
「せっかちだよ！」
「仕事が早いよ！」
「どんどん撮るよ！」と、皆、口を揃えて言いました。
「じゃあ、早く終わって、早く帰れる！」と喜ぶ私。
撮影が始まった日、現場へ行くと早い理由が分かりました。
カントクの準備が行き届いているから、
スムーズに事が運ぶのだ、と。
「迷いがない、無駄がない、合理的。
『井上組』ってやるな！」という印象を持ちました。

それから立て続けに、5~6本、一緒に仕事をしましたね。
映画を観に行ったり、デートもしましたね。
そして、結婚もしましたしね。

結婚式当日も仕事で、撮影が終わってから、日活ホテルで。
まるで、映画の中のシーンを撮影したような感じでした。

あれから、50年！

夫婦のシーンが続きました。

何事もキチンと整理整頓が行き届くアナタ！
私には、「普通の奥さん業はしなくていい」って。

日常の雑務はすべて自分が引き受けて、
家の事も、それぞれのプロに頼んでくれて。
女優業がしやすい体制を作ってくれたのね。

完全に甘えてしまいました。ずーっと。
私というお荷物は大変だったでしょう。
ゴメンナサイね。

今度そちらで会えたときにお返ししますネ!!
それまで、沢山の先立たれた旧友達と会って、
元気で楽しい日々で待っていてね。

どうもありがとう。
出会えて、よかった。

月丘夢路（2010年　井上のお別れの会に寄せたメッセージより）

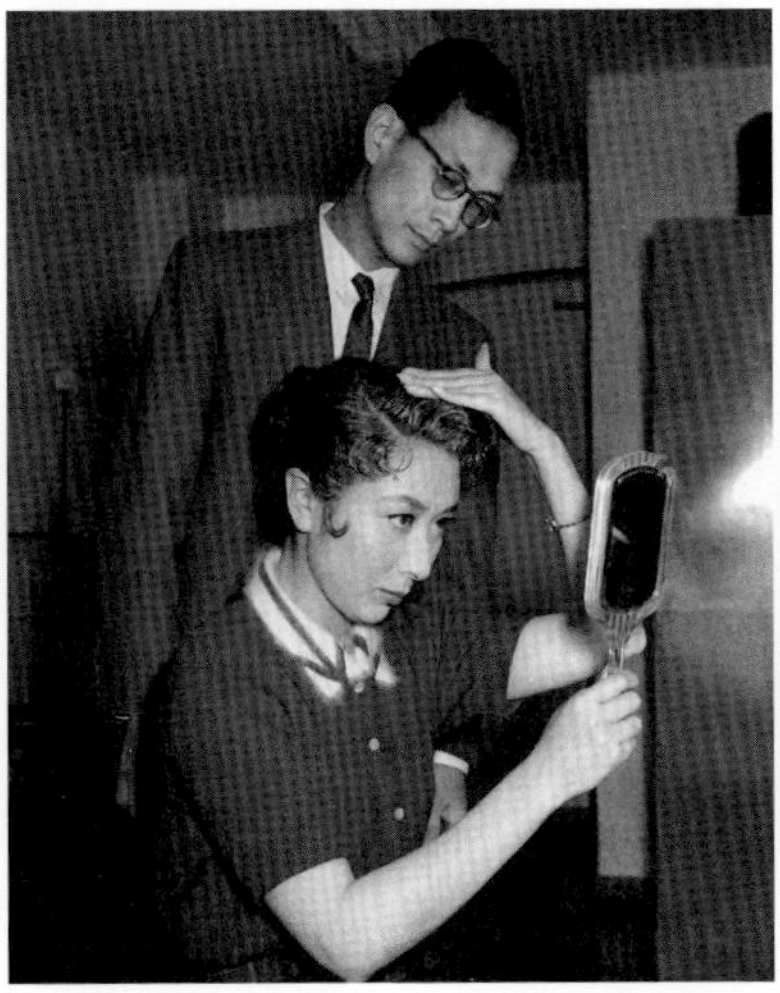

特別寄稿
浅丘ルリ子

井上先生と私

井上先生とのお仕事は、私のデビュー作『緑はるかに』が最初です。すべてが初めてのことで、先生の顔をはっきりと見る余裕もありませんでした。とにかく言われるがままに「はい、はい」とその通りにやるので精一杯。内容が子供たち中心ということで助かりましたが、(注・日活)初の総天然色作品だったので、大きいカメラが3台あって、私たちの動きに合わせて移動させるのが大変だと思った記憶があります。とても大勢の応募者のなかから選んでいただいて、中原淳一先生に髪を切っていただき、先生の衣装が着られて、とても嬉しかったのも印象に残っています。

初めて井上先生にお小言を言われたのは、『17才の抵抗』の長門裕之さんとのラブシーン。生まれて初めてで、皆さんの前での梅林のシーンでした。見物の方も大勢いらして。触られるだけでぶるぶる震えてしまい、どうしていいか。抱かれて唇をつける時に「ルリ子、目をつぶれ」、と言われたのですが、こういう時は目をつぶるものなのか、でも目をつぶったらどこがどこだかわからないじゃない、と思ったのを覚えています。唇を合わせたときには、うわー、いや、こんなことしたくない、人が見ている前で、と思ってしまって感じが出ないものですから、先生が「もうちょっと雰囲気を出せ」って言われて。「はい」とはいうものの、内心では雰囲気ってどうやってだすのよ、とは思いましたが、もちろん口には出せないし、2回、3回とやった覚えがあります。

先生は音楽をとても素敵に映画の中に取り入れていて、『緑はるかに』でも歌と踊りのシーンがありますが、先生は海外のミュージカルや映画をたくさん御覧になってそこから発想を得ていたと思います。

先生とご一緒した『お転婆三姉妹　踊る太陽』は本当に素敵なミュージカル映画。私は三姉妹の三女で、先生から、「そのままじゃいつものルリ子だから眼鏡をかけなさい」と言われて。そうしたらいい感じで面白味が出せて。この映画、最初からしゃれているんですよ。ドアが開いて一人ずつ、裕ちゃんが出て、私が出て、(芦川)いづみちゃんが出て、岡田真澄が出て、登場人物を歌で紹介するみたいな。

最後もみんなで歌って踊るんですけれど、どうしてこんなものができるの、普通こんな撮り方はしないなって、先生の幅の広さを感じました。ひとつひとつの会話も歌でするんですが、それが自然で楽しくって。私も小さいころから、外国の映画も日本の映画もたくさん観ていて、憧れのシーンもたくさんあるんですが、先生の撮り方も本当に素敵だと思っていました。

『鷲と鷹』で裕ちゃんと2回目のラブシーンをやった時も「もう少し女っ

月丘夢路と

ぽく、いい気分になれ」って。やっぱり内心ではそんなこといったって先生はいろいろ経験があるかもしれないけど、私はプライベートでもしたことないんだから、そんなのわかんないわよ。と思いながら、先生の言われるままに、手を首にもっていく、顔を上にあげる、目をスーッと閉じるとか言われて、「はいわかりました」って。

それ以外は本当に先生に叱られた記憶はなくて、先生の印象って、なんて素敵なことをおやりになる方だろうって、すごくシャレたものばかりやって見せていただいたということ。だから先生の映画では『緑はるかに』と『踊る太陽』が一番好きなんですね。

当時、私はかけもちで映画を撮っていて、午前中（小林）旭だったら、昼から裕ちゃんだったり、（高橋）英樹、赤木（圭一郎）君とかで徹夜もあったりしてとても忙しくて、撮影所の側に引っ越しました。そうしたらみんなが家に来てご飯を食べるわ、ピアノを弾いて唄うわでとっても賑やかでした。家族も養っていましたから、ギャラなんかいっぺんでなくなってしまって。それでも私全然平気だったんですよ。

日活は、若い人が多くて勢いが最高でしたから。他の映画会社の女優さんからうらやましがられましたね。

井上先生は、とても大人ですごい先生ですから、天上人のように見ていて、プライベートで身近に接したことはないんですが、すっごいセンスがあって素敵で、月丘（夢路）さんとご結婚されてそれもやっぱり素敵だなと思いました。

『鷲と鷹』は船を動かしての撮影。女性は月丘さんと私だけで、それ以外はスタッフ含め全員男、夜は甲板で酒盛りです。私はお酒も飲めませんし、裕ちゃんたちが飲んでいる横で話を聞いている楽しみはありました。嵐があったりで私は船酔いして大変でしたが、先生と月丘さんはこの映画で仲良くなったのではないかしら。

『緑はるかに』でお会いして、先生に最初の基礎みたいなものを作っていただいたと思っています。演技にはいろいろな広がりがあって、こんな芝居をすればこうなる、というのをたくさんできたから、それが俳優としての自分につながっていったんだと思います。当時は小さいながら、とにかくすごい方で、どうしたらこんなシーンができるのかなって、いつも思っていました。とてもお世話になりましたし、尊敬しています。

MUSIC MAN

スミソニアン博物館で井上梅次特集 その後全米を巡回

ワシントンのスミソニアン博物館で（注・2018年）4月6日〜22日、井上梅次監督の6作品が上映された。

特集上映は「Japan's Music Man」と題し、井上の音楽の扱い方に注目した。裕次郎が主題歌を歌う「嵐を呼ぶ男」「勝利者」「鷲と鷹」、「緑はるかに」、香港で撮ったミュージカル「香港ノクターン（香紅花月夜）」「青春鼓王」。

同館の映画学芸員、トム・ビックが、10年以上前にイタリアのウーディネで開催された極東映画祭で井上作品を知り、今回の特集に至ったという。ビックは、井上とそのミュージカルに関して、「1950年代の日活の契約監督として、彼はいくつかのジャンルに堪能であり、必要に応じてそれらを混ぜ合わせることが期待されていました。伝統的なハリウッド ミュージカルとは異なります。歌と踊りのナンバーは、溢れ出る感情によって引き起こされる想像の連続として発生しますが、井上の映画の音楽は、ほとんどの場合、アクションから論理的に発生します。それはストーリーの要求に応じて、多くも少なくもなります」と記し、その後に「これまで以上に多くの映画ファンが井上の色彩豊かな映画世界に引き込まれていくだろう。彼の作品は、国際的に認知されるべきで、特集上映が契機となるといい」と記している。

特集はシカゴ、フィラデルフィアなど米国内を巡回、ハーバード大学でも開催された。（毎日新聞 2018年4月19日夕刊 より抜粋）

また、この映画上映のために作られたパンフレットの中には、この上映のきっかけになったイタリアでの映画祭に際して行われた井上のインタビューが再録されている。

井上は、映画の道を志すことになった半生を語り、この上映のテーマであるミュージカルをつくるきっかけについて聞かれると、

「私は音楽が好きで、ハーモニカ、ギター、ウクレレをかなり上手に演奏できました。ピアノもありますが、ほとんどがクラシックです。私はジャズについて何も知りませんでした。でも、新東宝で監督になった時、ジャズブームが来て。終戦後（歌手・女優の）江利チエミが登場。その後渡米し、雪村いづみを伴って帰国しました。

新東宝の新社長に呼び出され『井上は若いし、音楽が好きだ。いづみと契約したから、何とかしてほしい』と言われました。

ジャズのことは何も知らなかったのですが、いづみに出会い、できる限りのことを学ぼうとしました。ジャズバンドを持っていたカップル、ダニーとメアリーに会い、ジャズ喫茶が軒を連ねていた銀座に毎日通いました。ジャズの生演奏が全盛だった時代です」

と往時を語っている。

注：雪村いづみ『娘十六ジャズ祭』や『東京シンデレラ娘』を撮ったとき、井上は曲直瀬美佐（注・後の渡辺美佐）の助力を得た。

（中略）ちなみに映画（注・『嵐を呼ぶ男』）の冒頭で銀座の夜の生態を歌うのは平尾昌晃、井上と美佐がジャズ喫茶をまわって、決めた人選である。（渡辺プロ・グループ40年史『抱えきれない夢』より）

生誕１００周年記念
国立映画アーカイブで「月丘夢路・井上梅次 生誕１００年祭」を開催

デビューは東京の新東宝撮影所、その後日活に移籍して『嵐を呼ぶ男』（１９５７年）ほか数々のヒット作を放ち、東宝系では宝塚映画が中心だが後年には東京映画作品もあり、１９６０年代は大映・東映・松竹の東京・京都両撮影所を飛び回って、やがて『嵐を呼ぶ男』のリメイク（１９８３年）は東宝本体の砧撮影所で……。

このように大手6社、計11もの撮影所を経験し、東京と京都をこれほどしげく移動した監督は、日本映画広しといえども井上梅次ただ一人であろう。しかも１９６７年から72年まで香港に繰り返し招かれ、名門ショウ・ブラザーズより14作もの映画を送り出しているのだから舌を巻く。かつての日本映画界には、例えば松竹という会社なしに小津安二郎という映画作家の像は確立できないように、スタジオと監督には切っても切れない関係があった。よって井上監督はその明らかな例外となるのだが、一方で井上監督のフィルモグラフィを眺めると、これぞ日本映画のど真ん中を走り続けた人だという印象も明確である。

稀代のスターメイカーとして多くの若い俳優を伸し上げた井上監督だが、生誕１００年の区切りとともに、ついに本格的に光が当てられる時代が到来したと言えるだろう。２０２３年は国立映画アーカイブにとってまさにその年であり、前々年に一足早く生誕１００年をお迎えになった監督夫人にして大スターの月丘夢路さんも併せて、上映企画と展示企画という二つの形で顕彰を行うこととなった。

井上監督については、かつて当館が行った、日本独自の天然色映画の技術であった「コニカラー・システム」の再現プロジェクトの際に、コニカラー初の長篇劇映画であり浅丘ルリ子さんのデビュー作でもある井上監督作『緑はるかに』（１９５５年）の復元にご理解をいただき、お披露目の上映会（１９９５年）にご来臨いただいた。また月丘さんについても、長年フィルムが失われていた若き日の出世作『新雪』（１９４２年、五所平之助監督）がロシアの映画保存機関ゴスフィルモフォンドで発見され、当館で里帰り上映（２００３年）が行われた際に駆けつけてくださった思い出がある。そして、この映画の大阪でのロケーションを少年時代に見て月丘さんの美貌に魅了されたという作家の野坂昭如さんも来館され、当時の記憶を語られたことも忘れられない。

お二方の業績を偲ぶその企画名は「月丘夢路 井上梅次 生誕１００年祭」を予定しているが、国立のシネマテークである当館の特色を活かし、上映においては伝統的なフィルム上映をメインとし、また展覧会については井上・月丘映画財団のご協力のもと多くの貴重な資料をご貸与いただくことになっている。予算面でも時間面でも効率的な映画作りに徹した井上監督にふさわしく、作品資料の多くは体系的に残されており、その几帳面な人柄が偲ばれる。これからは、その職業的なプロフェッショナリズムに加えて、作家性や個々の作品への研究も本格的に深まってゆくだろう。私どもの企画が、そうした新たなフェーズを呼び込むための機会にもなることを願っている。

岡田秀則　国立映画アーカイブ主任研究員

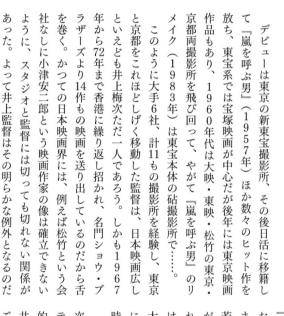

記録編

脚本、監督、エンターテイメントを追求し続けた輝かしい成果

1947年新東宝に入社、1955年に日活に移籍した後、1960年フリーになった井上は、新東宝、日活以外の邦画4社で活躍。合わせて邦画6社で監督を経験した。東西両撮影所を持つ大映、東映、松竹ではいずれも両方で撮っているほか、ドキュメンタリーながら東宝傍系の東京映画でも1971年に監督を経験。戦後日本映画で長期間一般劇場映画を製作し続けた大手6社系列11の撮影所すべてで監督を経験した唯一の存在となった。国内映画99本、香港ショー・ブラザーズで17本という多くの監督作品を残している。

1「恋の応援団長」（1952年 新東宝）

公開／ 1952.6.19
製作／坂上静翁　脚本／井上梅次
出演／伊豆肇　小林桂樹　若山セツ子　関千恵子　長谷川裕見子　河村黎吉　高島忠夫　片山明彦 ほか

28歳の井上梅次が自脚本によって監督する第1回作品。高島忠夫デビュー作。「ホンが評判よくて、藤本さん（プロデューサー藤本真澄）も喜んでくれて、小林桂樹、若山セツ子を貸してくれた。大変記念になるシャシンだった」

2「サラリーマン喧嘩三代記」（1952年 新東宝）

公開／ 1952.12.04
原作／佐々木邦　製作／坂上静翁　脚本／井上梅次　井手雅人
出演／小川虎之助　藤田進　片山明彦　花井蘭子　柳家金語楼 ほか

「娘十九はまだ純情よ」の井出雅人と井上が共同で、ユーモア小説の先駆け、作家佐々木邦の原作『ケンカ三代記』から脚本を書いている。

3「三太頑張れッ！」（1953年 新東宝）

公開／ 1953.02.12
原作／青木茂　製作／伊勢寅彦　脚本／井上梅次
出演／神戸文彦　左幸子　藤原釜足　岸井明　山本礼三郎 ほか

青木茂原作ＮＨＫ連続放送劇の映画化。美空ひばり、千代の山、栃錦、鏡里、ＮＨＫ志村アナウンサーの特別出演がある。

4「アチャコ青春手帖 第四話 めでたく結婚の巻」（1953年 新東宝）

公開／ 1953.06.03
原作／長沖一　製作／杉原貞雄　脚本／蓮池義雄
出演／花菱アチャコ　古川緑波　柳家金語楼
益田キートン　ほか

人のいいタクシー運転手が、次々と騒動に巻き込まれるという“アチャコ青春手帖”もの第4話。製作杉原貞雄、原作長沖一は前三作の通りだが、脚本は蓮池義雄。

1952年、ラジオ・ドラマ「アチャコ青春手帖」が大ヒット。これにあやかって映画化された1本である。ソロバン芸のトニー谷、「アジャパー天国」の南寿美子、長谷川裕見子、坊屋三郎など、多彩な芸人たちが出演。

5「わが恋はリラの木蔭に」（1953年 新東宝）

公開／ 1953.09.30
原案・脚本／井上梅次　原作／中山正男　製作／伊藤基彦
出演／宮城野由美子　中山昭二　藤田進　高田稔
佐々木孝丸　関千恵子　高島忠夫 ほか

北海道ロケ。舛田利雄が助監督として参加。西条八十作詞の同名の主題歌は宮城野由美子の歌唱でヒットした。

6「娘十六ジャズ祭り」（1954年 新東宝）

公開／ 1954.01.09
製作／杉原貞雄　脚本／赤坂長義　京中太郎（井上梅次）
出演／雪村いづみ　片山明彦　フランキー堺　新倉美子
古川緑波　高田稔　柳家金語楼 ほか

「青春ジャズ娘」につづく新東宝のジャズ物第2作。「半処女」の赤坂長義と京中太郎（井上）の脚本。「心に太陽を 唇に歌を」の名セリフ。多忠修とビクター・オールスターズ、与田輝雄とシックス・レモンズなどのバンドが出演。

7「はるかなる山の呼び声」（1954年 新東宝）

製作／山崎喜暉　脚本／井上梅次
出演／雪村いづみ　小倉繁　大谷伶子

8「ジャズ・オン・パレード1954年 東京シンデレラ娘」（1954年 新東宝）

公開／1954.04.26
製作／杉原貞雄
脚本／赤坂長義　京中太郎（井上梅次）

出演／雪村いづみ　伴淳三郎　古川緑波　新倉美子　高島忠夫　渡辺晋とシックス・ジョーズ　ナンシー梅木 ほか

「娘十六ジャズ祭り」のスタッフで製作。出演者も「娘十六ジャズ祭り」の雪村いづみをはじめ、フランキー堺のほか、藤沢嵐子、高英男など多数ショウ出演者が登場する。

9「乾杯！女学生」（1954年 新東宝）

公開／1954.06.29
製作／杉原貞雄　脚本／赤坂長義　京中太郎（井上梅次）
出演／雪村いづみ　南風洋子　中山昭二　水の江滝子　千秋実　ほか

一連の新東宝ジャズ・コメディ。高校生役の雪村いづみが転校して寄宿舎に入り巻き起こる騒動。

10「結婚期」(1954年 東宝・クレインズ・クラブ)

公開／1954.11.16
作／竹中香　桜沢一　本木荘二郎　篠勝三
脚本／若尾徳平　村上俊郎
出演／鶴田浩二　有馬稲子　岡田茉莉子　杉葉子
浜田百合子　木匠マユリ　雪村いづみ ほか

鶴田浩二が設立したクレインズ・クラブ第1回自主作品。ロマンス連載の原作を「悲恋まむろ川」の村上俊郎と「宮本武蔵」(1954)の若尾徳平が共同で脚色している。

11「ジャズ娘乾杯！」(1955年 東宝・宝塚)

公開／1955.03.21
製作／山本紫朗　脚本／高木史郎　井上梅次
出演／雪村いづみ　江利チエミ　伴淳三郎　寿美花代
朝丘雪路　中山昭二　ほか

宝塚映画の本格的音楽映画。宝塚の高木史郎と井上が共同で脚本を書いた。配給は東宝。

12「緑はるかに」(1955年 日活)

公開／1955.05.10
製作／中原淳一　水の江滝子　原作／北条誠
脚本／井上梅次
出演／浅丘ルリ子　高田稔　藤代鮎子　渡辺典子　有島一郎　フランキー堺　北原三枝 ほか
※浅丘ルリ子 デビュー作品

再開した日活に移籍。プロデューサー水の江滝子の第2作。児童向け絵物語として北条誠作、中原淳一挿絵で読売新聞に連載され人気の原作の映画化。

13「猿飛佐助」（1955年 日活）

公開／1955.05.03
製作／水の江滝子
脚本／西沢裕　井上梅次
出演／フランキー堺　市村俊幸
有島一郎　水島道太郎　遠山幸子　雨宮節子 ほか

女性に目がない猿飛佐助が巻き起こす騒動を描いたコメディ時代劇。水の江プロデューサーは「ジェラール・フィリップの「花咲ける騎士道」からヒントを得て製作を思い立った」とコメント。

14「三つの顔」（1955年 日活）

公開／1955.08.09
製作／坂上静翁　　脚本／井上梅次　舛田利雄
出演／三國連太郎　水島道太郎　伊藤雄之助
新珠三千代　飯田蝶子　広岡三栄子 ほか

5年後の再会を約して別れた三人の戦友が、複雑な現代の世相の中で三者三様の生活を送るうち思わぬ再会をする。井上と舛田利雄の共同執筆のオリジナル・シナリオによる豪華大作。

15「未成年」（1955年 日活）

公開／1955.10.18
製作／坂上静翁　脚本／井上梅次
出演／長門裕之　清川虹子　安部徹
日高澄子　芦川いづみ　東谷暎子　山岡久乃 ほか

国際都市横浜を舞台に、一人息子が母の期待の大きさに苦痛を感じ、次第に身をもちくずし、一度は立ち直ろうとするが遂に悪の仲間の為に殺されてしまう異色社会劇。

16「ジャズ・オン・パレード1956年 裏町のお転婆娘」（1955年 日活）

公開／1956.01.03
製作／柳川武夫　茂木了次　脚本／吉田広介
出演／江利チエミ　長門裕之　フランキー堺　岡田真澄
芦川いづみ　浅丘ルリ子　桂典子 ほか
特別出演／月丘夢路　新珠三千代　北原三枝　南田洋子
南寿美子　高英男 ほか

井上のジャズ映画第４弾。江利チエミの日活初出演作品。

17「死の十字路」（1956年 日活）

公開／1956.03.14
原作／江戸川乱歩
製作／柳川武夫　脚本／渡辺剣次　井上梅次
出演／三國連太郎　新珠三千代　山岡久乃　大坂志郎
芦川いづみ　三島耕　藤代鮎子 ほか

江戸川乱歩の原作を映画化した都会派ミステリー。愛人との密会中に現れた妻を殺してしまった男は、車で死体を捨てに行く。だが十字路に停車中に別な死体が車に投げ込まれてしまう。

18「火の鳥」（1956年 日活）

公開／1956.06.14
原作／伊藤整　製作／山本武　佐藤正之
脚本／猪俣勝人　井上梅次
出演／月丘夢路　三橋達也　仲代達矢　中原早苗
山岡久乃　三國連太郎 ほか

炎の女、生島エミの多難な半生を描いた伊藤整の原作。北原三枝、芦川いづみ、フランキー堺などが特別出演。

19「ニコヨン物語」（1956年 日活）

公開／1956.09.11
原作／須田寅夫　製作／茂木了次
脚本／川内康範　井上梅次
出演／三國連太郎　大坂志郎　西村晃　小田切みき
殿山泰司　柳谷寛　中原早苗 ほか

山谷のドヤ街の生活を記録したニコヨン作家須田寅夫のベストセラー原作から「金語楼のお巡りさん」の川内康範と井上が共同脚色。

20「お転婆三人姉妹　踊る太陽」（1956年 日活）

公開／1957.01.03
製作／茂木了次　水の江滝子　脚本／井上梅次
出演／ペギー葉山　芦川いづみ　浅丘ルリ子　轟夕起子
安部徹　フランキー堺　岡田真澄　石原裕次郎 ほか

豪華なキャスト陣のふんだんな唄と踊りを絢爛豪華に描き、夢と希望を描いたミュージカルコメディ。月丘夢路以下日活のオールスターが特別出演。

21「月蝕」（1956年 日活）

公開／1956.12.19　原作／石原慎太郎　製作／水の江滝子
脚本／井上梅次　舛田利雄
出演／月丘夢路　三橋達也　金子信雄　安部徹
石原裕次郎　岡田真澄　西村晃 ほか

男への復讐に身をやきながら自らも傷つく弱い女。不信と愛憎が渦巻く恋愛心理の微妙さを描き出した「週刊新潮」連載の映画化。井上と初顔合わせの石原裕次郎をスターダムにのし上げる牽引の役割を果たしたと言われる。

22「危険な関係」（1957年 日活）

公開／1957.02.27
原作／内村直也　岡田達門
製作／高木雅行　脚本／井上梅次　岡田達門
出演／月丘夢路　北原三枝　長門裕之　金子信雄
小園蓉子　細川ちか子　西村晃 ほか

川奈ホテルをロケ地に、泊まり合わせた男女の様々なやりとりを描く社会風刺劇。プロ野球の国鉄の金田、西鉄の豊田両選手が特別出演。

23「勝利者」（1957年 日活）

公開／1957.05.01
原作／キノトール　小野田勇
製作／坂上静翁
脚本／井上梅次　舛田利雄
出演／石原裕次郎　北原三枝
三橋達也　南田洋子　殿山泰司　安部徹　清水将夫
宍戸錠　桂典子　多摩桂子　ほか

昭和３１年度芸術祭奨励賞を受けたＫＲテレビの番組（原作キノトール、小野田勇）の映画化。ダイナミックなボクシングと華麗なバレエシーンが際立つアクションメロドラマを豪華な配役で描いた大作。日活製作再開３周年記念映画で日活初のイーストマンカラー。

24「十七才の抵抗」（1957年 日活）

公開／1957.07.30
原作／戸田昭子　製作／坂上静翁　脚本／池田一朗
出演／浅丘ルリ子　小林重四郎　轟夕起子　広岡三栄子
津川雅彦　長門裕之　白木マリ ほか

ジャーナリズムに波紋を投げた高校生作家・戸田昭子の『可奈子』が原作。ポスターには「はからずものぞき見た大人の不純な世界！」とある。

25「鷲と鷹」（1957年 日活）

公開／ 1957.09.29
※芸術祭参加作品
製作／坂上静翁　脚本／井上梅次
出演／石原裕次郎　三國連太郎　月丘夢路　浅丘ルリ子
長門裕之　二本柳寛　沢村国太郎　西村晃　安部徹
柳沢真一　木戸新太郎　穂高渓介　小林重四郎　ほか

貨物船“海洋丸”を舞台にした海洋サスペンスアクション。悪天候の中、実際に航海しながらの船上ロケを敢行した。

26「嵐を呼ぶ男」（1957年 日活）

公開／ 1957.12.28
原作／井上梅次　製作／児井英生　脚本／井上梅次　西島大
出演／石原裕次郎　北原三枝　白木マリ　青山恭二
小夜福子　笈田敏夫　安部徹　金子信雄　高野由美
芦川いづみ　岡田真澄　天路圭子　高品格　山田禅二
平尾昌晃　渡辺晋とシックス・ジョーズ ほか

娯楽誌「小説サロン」（講談社刊）掲載の井上の小説を、彼自身と西島大が脚色して映画化。1958 年の正月映画で、「裕次郎でジャズ映画を作る」という井上の提案を実現した。

27「夜の牙」（1957年 日活）

公開／ 1958.01.15
製作／児井英生　脚本／井上梅次　渡辺剣次
出演／石原裕次郎　月丘夢路　浅丘ルリ子　白木マリ
岡田真澄　森川信　小林重四郎　西村晃　安部徹
安井昌二　南寿美子　ほか

「嵐を呼ぶ男」が予想外の大ヒットを記録したことから急遽、本来は助演格の予定だった裕次郎の序列を上にしようとして話がこじれ、結局、裕次郎が主役になった。

28「夫婦百景」(1958年 日活)

公開/ 1958.03.18
原作/獅子文六　製作/山本武　脚本/斎藤良輔
出演/月丘夢路　浅丘ルリ子　大坂志郎　岡田真澄
山根寿子　青山恭二　長門裕之　丘野美子　柳沢真一
安部徹　楠田薫　森川信　二本柳寛　初井言栄
天路圭子 ほか
解説 /フランキー堺

獅子文六の人気小説を映画化したホームコメディ。豪華キャストの競演で、6組の夫婦の喜怒哀楽を風刺とユーモアで描く。

29「明日は明日の風が吹く」(1958年 日活)

公開/ 1958.04.29
企画/児井英生　脚本/松浦健郎　池田一朗　井上梅次
出演/石原裕次郎　北原三枝　浅丘ルリ子　金子信雄
青山恭二　大坂志郎　植村謙二郎　田端義夫
浜村美智子　高野由美　二本柳寛　小林重四郎　ほか

雑誌「文藝春秋」に掲載された裕次郎のエッセイのタイトルをもとに映画化。恋あり唄ありアクションありの総天然色娯楽大作。

30「素晴しき男性」(1958年 日活)

公開/ 1958.07.06
企画/児井英生　脚本/井上梅次
出演/石原裕次郎　北原三枝　月丘夢路　山岡久乃
大坂志郎　待田京介　金子信雄　白木マリ　笈田敏夫
西村晃　木戸新太郎　田端義夫　三島雅夫 ほか

石原裕次郎のために井上自らオリジナル・シナリオを書き下ろした絢爛豪華のミュージカル巨篇。

31「続夫婦百景」(1958年 日活)

公開/ 1958.11.04
原作/獅子文六　製作/山本武　脚本/斎藤良輔
出演/月丘夢路　大坂志郎　浅丘ルリ子　岡田真澄
中原早苗　山根寿子　青山恭二　長門裕之　丘野美子
市川翠扇　沢本忠雄　待田京介　西村晃　小沢昭一
菅井きん ほか

「夫婦百景」の続篇で、獅子文六の原作を前作と同じスタッフが製作。前作に登場した様々な夫婦のその後を描く。

32「嵐を呼ぶ友情」(1958年 日活)

公開/ 1959.01.03
企画/児井英生　脚本/井上梅次
出演/小林旭　浅丘ルリ子　沢本忠雄　川地民夫
宇野重吉　白木マリ　浜村美智子　金子信雄
広岡三栄子　山田周平ほか

「嵐を呼ぶ男」の姉妹篇として製作した超娯楽大作。狂熱のトランペットと哀愁のギターを通して描く男の友情。

33「群衆の中の太陽」(1959年 日活)

公開/ 1959.03.18
企画/児井英生　脚本/井上梅次　池田一朗
出演/小林旭　浅丘ルリ子　葉山良二　沢本忠雄
小高雄二　白木マリ　清水まゆみ　夏今日子　金子信雄
安部徹　高野由美 ほか

無国籍アクションのマイトガイになる前の小林旭主演作。大学ラグビー部の同級生4人が社会に出てからの奮闘と友情を描く。

34「東京の孤独」(1959年 日活)

公開／1959.05.12
原作／井上友一郎
企画／高木雅行　脚本／松浦健郎　井上梅次
出演／小林旭　芦川いづみ　大坂志郎　月丘夢路
宍戸錠　安部徹　清水まゆみ　西村晃　殿山泰司
植村謙二郎　ほか

「サンデー毎日」に連載された同名小説の映画化で、プロ野球を舞台に二人の新人が新人王と恋を争う青春映画。

35「青春蛮歌」(1959年 日活)

公開／1959.08.30
原作／白川渥　企画／児井英生
脚本／松浦健郎　井上梅次
出演／長門裕之　浅丘ルリ子　南田洋子　清水まゆみ
大坂志郎　丘野美子　沢本忠雄　神戸瓢介　小川虎之助
ほか

「週刊明星」に連載された同名の青春小説を映画化したもの。受験勉強一点張りのガリ勉学校に赴任した、新米の江戸っ子教師の奮闘を描く。

36「夜霧の決闘」(1959年 東宝・宝塚)

公開／1959.12.01
製作／杉原貞雄　脚本／松浦健郎　井上梅次
出演／鶴田浩二　三橋達也　雪村いづみ　淡路恵子
環三千世　森雅之　神戸一郎　小林重四郎　高松英郎
丹波哲郎　ほか

「青春蛮歌」のコンビ松浦健郎と井上のオリジナル・シナリオによるハードボイルドギャングもの。

37「嵐を呼ぶ楽団」（1960年 東宝・宝塚）

公開／1960.02.28
製作／杉原貞雄　脚本／若尾徳平　井上梅次
出演／宝田明　雪村いづみ　高島忠夫　朝丘雪路
神戸一郎　水原弘　柳沢真一　江原達怡　環三千世
水戸光子　柳家金語楼　森川信　山茶花究 ほか

ジャズ・バンドに若いエネルギーをぶつける男女の青春サクセス・ストーリー。

38「勝利と敗北」（1960年 大映）

公開／1960.04.27
企画／原田光夫　製作／永田雅一
脚本／須崎勝弥　井上梅次
出演／川口浩　若尾文子　野添ひとみ　山村聰
新珠三千代　本郷功次郎　三田村元　安部徹　船越英二
友田輝　浦辺粂子　高松英郎　潮万太郎ほか

空位になった全日本ウェルター級チャンピオンの座をめぐって、若き夢と野望を抱く新進選手たちの恋愛と友情を描く。

39「太陽を抱け」（1960年 東宝・宝塚）

公開／1960.06.15
製作／杉原貞雄
脚本／赤坂長義　蓮池義雄　京中太郎（井上梅次）
出演／宝田明　雪村いづみ　朝丘雪路　高島忠夫
神戸一郎　有島一郎　加東大介　浜村美智子　多々良純
有木山太 ほか

高島忠夫と宝田明が共演した明るい音楽映画。ポスターには「スーパー心臓はおいらの特許！　恋も夢も一発必中」とある。

40「三人の顔役」（1960年 大映）

公開／1960.07.10
企画／原田光夫　製作／永田雅一
脚本／斎藤良輔　芦沢俊郎　井上梅次
出演／長谷川一夫　京マチ子　川口浩　菅原謙二
野添ひとみ　勝新太郎　八潮悠子　安部徹　市田ひろみ
ほか

長谷川一夫演じる元組長が、脱獄したものの次々と部下に背かれ最後には信頼していた情婦にまで裏切られて絶望しながらも裏切り者を突き止めていくフィルムノワール。

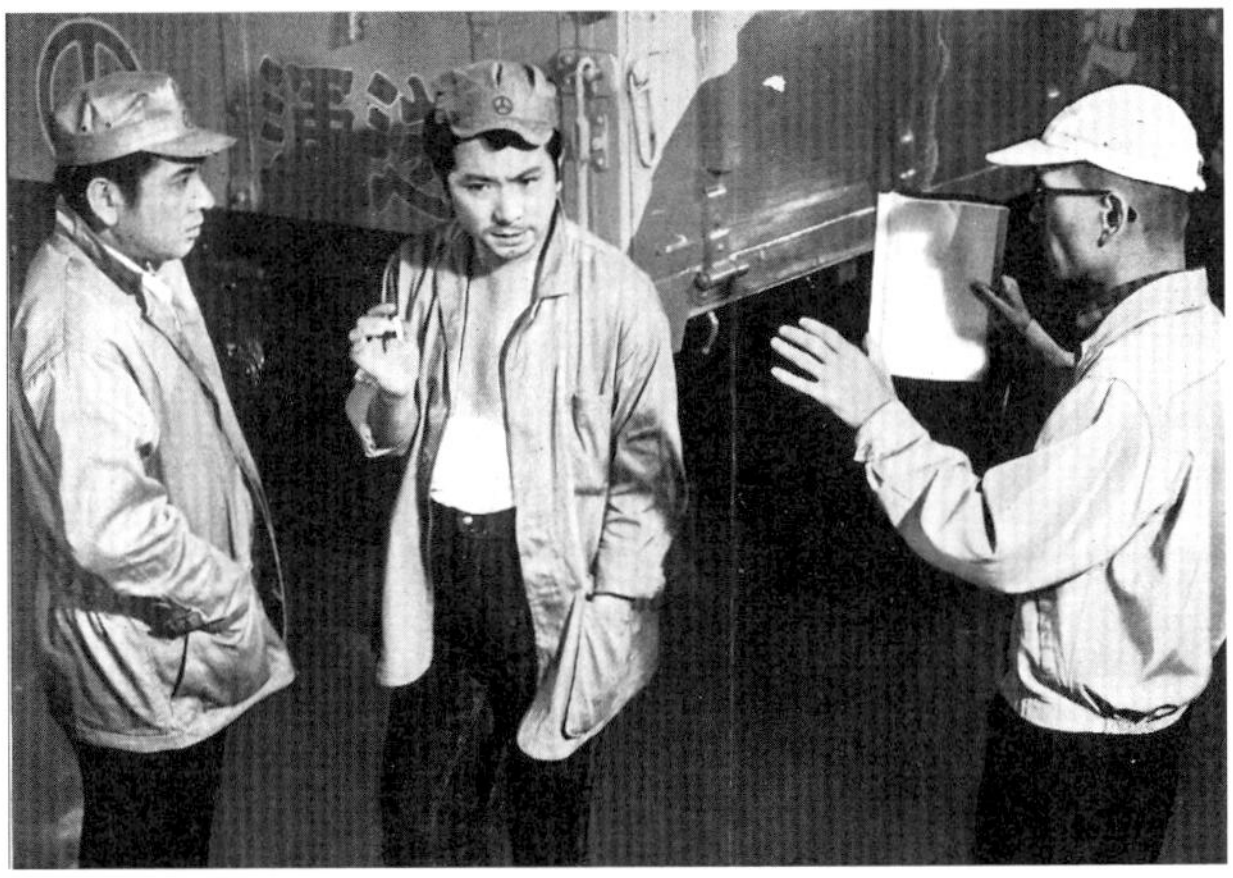

41「第六の容疑者」（1960年 東宝・宝塚）

公開／1960.11.29
原作／南条範夫　製作／杉原貞雄　脚本／高岩肇
出演／三橋達也　宝田明　白川由美　月丘千秋　森川信
岡田真澄　高松英郎　塩沢とき ほか

南条範夫の同名小説を映画化した推理映画。列車によるアリバイを持つ犯人を追い詰めていく。

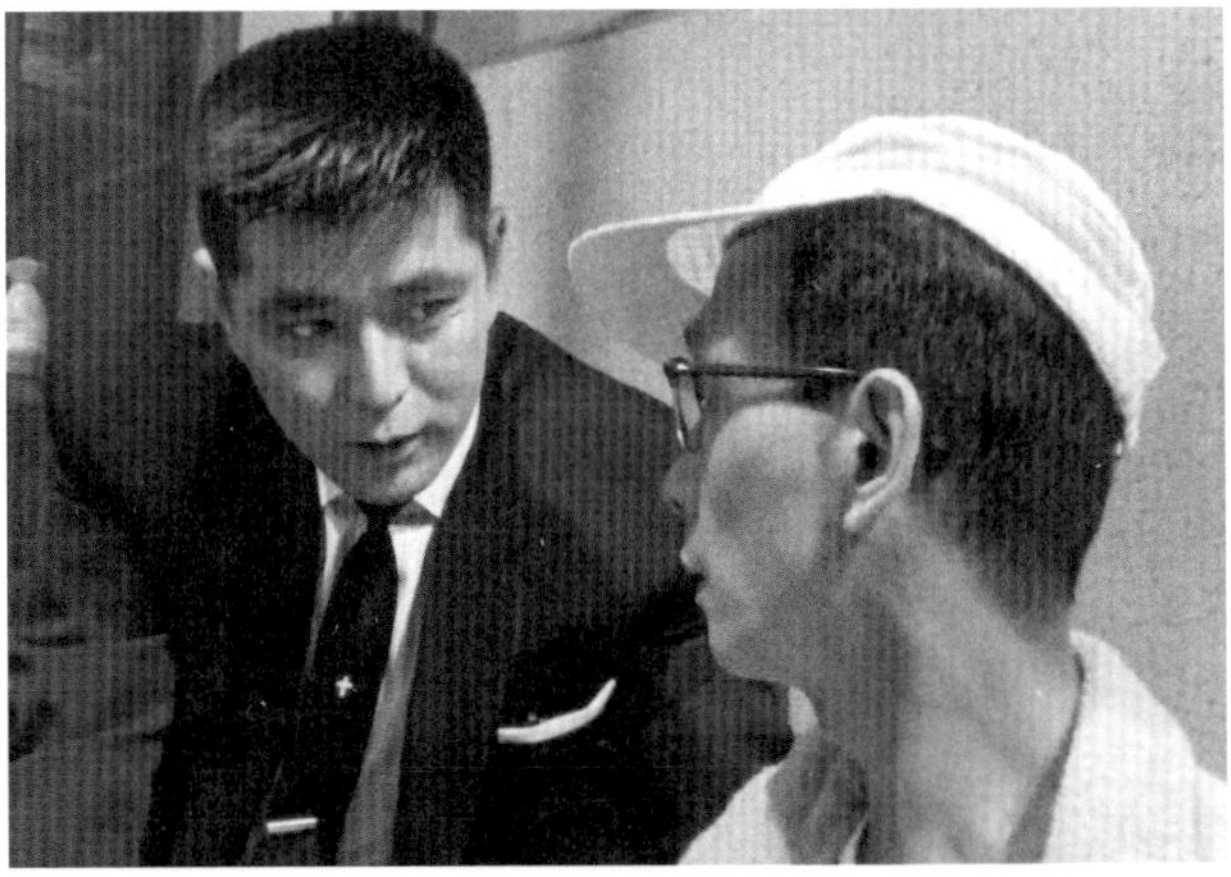

42「銀座っ子物語」（1961年 大映）

公開／1961.01.03
企画／原田光夫　製作／永田雅一
脚本／笠原良三　井上梅次
出演／川口浩　若尾文子　本郷功次郎　川崎敬三
野添ひとみ　中村鴈治郎　三益愛子　江波杏子　ほか

スポーツマン三兄弟が一人の美女に一目ぼれ。銀座を舞台にくりひろげられる青春明朗編。

43「女は夜化粧する」（1961年 大映）

公開／ 1961.01.14
アジア映画祭ゴールデンハーベスト（最優秀作品賞）受賞
原作／川口松太郎
企画／原田光夫　製作／永田雅一　脚本／斎藤良輔
出演／山本富士子　川口浩　森雅之　叶順子
上原謙ほか

新劇女優から、ギター芸者、更にナイトクラブのマダムと、機知と美貌と美しい和服姿を武器にきびしい現代を生き抜く小峰登子（山本富士子）の物語。

44「東から来た男」（1961年 東宝・宝塚）

公開／ 1961.03.18
製作／杉原貞雄
脚本／須崎勝弥　蓮池義雄　井上梅次
出演／加山雄三　星由里子　船戸順　桂小金治
大坂志郎　森川信　柳沢真一　天王寺虎之助　丘野美子
安部徹 ほか

「若大将シリーズ」に入る直前の加山雄三が主演、さわやか路線ではなく、ボクシングの試合で相手を殺してしまったという暗い影を背負った男を演じている。

45「五人の突撃隊」（1961年 大映）

公開／ 1961.04.26
企画／原田光夫　製作／永田雅一
脚本／舟橋和郎　星川清司
出演／川口浩　本郷功次郎　藤巻潤　川崎敬三
大辻伺郎　山村聰　大坂志郎　友田輝　安部徹
田宮二郎 ほか

敗戦の色濃い第二次世界大戦末期、ビルマ最前線にとりのこされた５人の若き将兵の壮烈な戦いと友情を描く異色の戦争映画。

46「女房学校」(1961年 大映)

公開/1961.09.13
企画/井上梅次　原田光夫
製作/永田雅一　脚本/斎藤良輔
出演/山本富士子　叶順子　朝丘雪路　川口浩
川崎敬三　森雅之　小沢栄太郎　千田是也　大宮敏光
西村晃 ほか

夫婦生活の機微と浮気のスリルを都会的な明るいセンスで描く。深夜三人の妻たち(山本富士子、叶順子、朝丘雪路)の元にそれぞれ電話が。知らない女の声で「ご主人は浮気をしている」と告げた……。

47「妻あり子あり友ありて」(1961年 松竹)

公開/1961.11.01
原作/樫原一郎　製作/月森仙之助　井上梅次
製作補/桑田良太郎　脚本/八住利雄
出演/佐田啓二　大木実　高千穂ひづる　乙羽信子
津川雅彦　牧紀子　桑野みゆき　筑波久子 ほか

樫原一郎の『ニッポン警視庁』を原作にした二人の刑事の半生記。

48「女と三悪人」(1962年 大映)

公開/1962.01.03
企画/加藤裕康　脚本/井上梅次
出演/山本富士子　市川雷蔵　勝新太郎　大木実
中村玉緒　小林勝彦　浦路洋子　中村豊　島田竜三
三島雅夫　立原博 ほか

時代劇初挑戦となる井上が「天井桟敷の人々」に影響を受け、脚本と監督を担当した。江戸末期。泥棒横丁と呼ばれる両国の盛り場で美しいひとりの女役者と、彼女を取り巻く兇状持ちの流れ者とニセ金作りの生臭坊主、ニヒルな素浪人など風変わりな三悪人たちとの恋模様を庶民のドラマとして描く。

49「黒蜥蜴」（1962年 大映）

公開／1962.03.14
原作／江戸川乱歩　劇化／三島由紀夫
企画／土井逸雄　吉田史子　製作／永田雅一
脚色／新藤兼人
出演／大木実　京マチ子　叶順子　川口浩　三島雅夫
緋桜陽子　目黒幸子　中条静夫 ほか

江戸川乱歩の小説を三島由紀夫が戯曲化したものの映画化。妖美で淫猥な雰囲気でストーリーが進んでいく所々でミュージカル仕立てになる異色作。

50「閉店時間」（1962年 大映）

公開／1962.04.18
原作／有吉佐和子　企画／藤井浩明　脚色／白坂依志夫
出演／若尾文子　野添ひとみ　江波杏子　川口浩
大木実 ほか

有吉佐和子の「読売新聞」連載原作。仲良し三人組を中心に、働く女性に共通の問題を描く青春文芸大作。主題歌はペギー葉山の「恋をさがしてる私」。

51「宝石泥棒」（1962年 大映）

公開／1962.07.29
企画／原田光夫　脚本／井上梅次
出演／山本富士子　野添ひとみ　川口浩　船越英二
菅原謙二　角梨枝子 ほか

湖畔の一流ホテルに宿泊している有閑未亡人の持つ50カラットのダイヤの首飾り。その魅力に惹き寄せられた二人の美女と三人の謎の男。

52「暗黒街最後の日」(1962年 東映)

公開/ 1962.10.12
企画/亀田耕司　大賀義文　脚本/井上梅次
出演/鶴田浩二　三國連太郎　佐久間良子　高倉健
久保菜穂子　梅宮辰夫　丹波哲郎 ほか

井上初の東映作品。犯罪組織の元ボスが出所したことにより、利権を巡って3つの組織が抗争を繰り広げることになる壮絶なギャング・アクション。

53「やくざの勲章」(1962年 大映)

公開/ 1962.12.26
原作/梶山季之
企画/竹久新　脚色/松浦健郎　井上梅次
出演/田宮二郎　本郷功次郎　藤巻潤　万里昌代
姿美千子　村上不二夫　守田学 ほか

昭和 23 年、敗戦の混乱期の真っ只中にあった日本のとある市で起こった日本やくざと外国やくざの集団暴力事件を中心にした痛快無類の大型アクションドラマ。「オール読物」所載の原作を映画化。

54「第三の影武者」(1963年 大映)

公開/ 1963.04.21
原作/南条範夫　企画/辻久一　脚色/星川清司
出演/市川雷蔵　高千穂ひづる　万里昌代　金子信雄
天知茂　島田竜三　石黒達也 ほか

南条範夫の同名小説を映画化。戦国時代に城主に似ていることで影武者にされた軽輩の武士が最後に城主を殺して自ら城主になりすまし、強く生き抜く姿を描く異色時代劇。

55「わたしを深く埋めて」(1963年 大映)

公開／1963.06.08
原作／ハロルド・Q・マスル　企画／原田光夫
脚色／井上梅次
出演／若尾文子　田宮二郎　川崎敬三　江波杏子
村上不二夫　安部徹　北原義郎 ほか

原作者ハロルド・Q・マスルは本職は弁護士、アメリカの人気作家。井上は登場人物を整理し、恋愛問題を加えてクローズアップしながら、二つの犯罪事件の中に、欲に狂った人間像とその行動を描くアクション・ラブ・スリラー。

56「暗黒街最大の決斗」(1963年 東映)

公開／1963.07.13
企画／岡田茂　亀田耕司　大賀義文　脚本／井上梅次
出演／鶴田浩二　大木実　高倉健　佐久間良子
久保菜穂子　植村謙二郎　梅宮辰夫　ほか

アメリカ帰りの愚連隊と新興ヤクザが手を組み、旧勢力のヤクザ組織と壮絶な抗争を繰り広げる東映ギャング路線作。弾丸20万発、硝煙と流血の匂いの大スケールで鮮烈な迫力巨篇。

57「真赤な恋の物語」(1963年 松竹)

公開／1963.08.11
製作／白井昌夫　製作補／桑田良太郎
脚本／白坂依志夫　井上梅次
出演／岡田茉莉子　吉田輝雄　榊ひろみ　大木実
藤木孝　根上淳　安部徹　諸角啓二郎 ほか

メリメ原作“カルメン”より翻案。赴任早々、密輸組織への潜入を命じられた刑事が、キャバレーの支配人の情婦の魅力に惹かれ、職務を忘れて情欲に溺れていく……。

58「犯罪作戦NO.1」（1963年 大映）

公開／1963.10.19
企画／原田光夫　脚本／高岩肇
出演／田宮二郎　本郷功次郎　藤巻潤　待田京介
江波杏子　滝瑛子　角梨枝子　根上淳　山本礼三郎
安部徹　村上不二夫 ほか

法律の盲点をついた暗黒街の大組織を、一撃でたたきつぶす恐るべき元刑事の犯罪計画。田宮二郎、本郷功次郎、藤巻潤、待田京介の大映四人男が大活躍。

59「踊りたい夜 」（1963年 松竹）

公開／1963.12.14
製作／白井昌夫　製作補／島津清　原案脚本／井上梅次
出演／水谷良重　倍賞千恵子　鰐淵晴子　吉田輝雄
佐田啓二　有島一郎　根上淳 ほか

ダンサー三人姉妹「ピンクタイツ」が繰り広げる恋とショービジネスの世界。水谷良重、倍賞千恵子、鰐淵晴子の歌と踊りがたっぷり。後に香港で「香港ノクターン／香江花月夜」として自らリメイク。

60「犯罪のメロディー」（1964年 松竹）

公開／1964.03.15
製作／桑田良太郎　脚本／高岩肇　井上梅次
出演／待田京介　吉田輝雄　寺島達夫　鰐淵晴子
桑野みゆき　久保菜穂子　松井康子　菅原文太 ほか

タイトル戦で相手をダウン寸前まで追い込みながら突然倒れ、医者から脳腫瘍と宣告されたプロボクサーが、巻き込まれた犯罪を追うアクション・ドラマ。

61「暗黒街大通り」(1964年 東映)

公開／1964.04.25
企画／亀田耕司　大賀義文　脚本／井上梅次
出演／高倉健　梅宮辰夫　待田京介　三田佳子　大木実
中原早苗　緑魔子　安部徹　金子信雄　神田隆
八名信夫 ほか

ポスターには「ドスとハジキの大パーティを３つぶったぎったやくざ３兄弟!!」とある。若き日の高倉健が三兄弟の長男を演じている。

62「黒の切り札」(1964年 大映)

公開／1964.07.25
企画／原田光夫　脚本／長谷川公之
出演／田宮二郎　山下洵一郎　待田京介　藤由紀子
宇津井健　万里昌代 ほか

法律によって悪を罰しようとする検事と、それでは物足らず暴力に報いるのに暴力をもって戦い、父の復讐とともに悪を叩き潰そうとする男が、火花を散らして対決する。田宮二郎のクールな魅力が光る。

63「悶え」(1964年 大映)

公開／1964.10.03
原作／平林たい子　企画／藤井浩明　脚本／舟橋和郎
出演／若尾文子　高橋昌也　江波杏子　川津祐介
滝瑛子　藤間紫　多々良純 ほか

平林たい子原作『愛と悲しみの時』の映画化。結婚したばかりの夫は、交通事故で男性能力を失っていた。妻の苦悩と女の哀感を描き出す。

64「黒の盗賊」(1964年 東映)

公開／1964.12.24
企画／橋本慶一　新海竹介
脚本／結束信二　宮川一郎　井上梅次
出演／大川橋蔵　入江若葉　北条きく子　久保菜穂子
金子信雄　多々良純　藤山寛美　安部徹　石黒達也
待田京介 ほか

徳川二代の悪政に挑み、江戸町民に喝采をもって迎えられた盗賊軍と忍者集団との凄まじい攻防戦。双子の兄弟が、敵味方に別れて刃を交わす宿命の対決と恋。大川橋蔵が明と暗の二人の剣豪役を演じる。

65「裏階段」(1965年 大映)

公開／1965.02.06
企画／原田光夫　脚本／田口耕三　井上梅次
出演／田宮二郎　司葉子　安部徹　成田三樹夫
村上不二夫　守田学　内田朝雄 ほか

ピアニストの田宮二郎は安部徹から妹・司葉子の婚約者のふりをしてほしいと頼まれるが……。危険を買う男のミステリー・アクション映画。

66「大勝負」(1965年 東映)

公開／1965.05.08
企画／玉木潤一郎　彼末光史　新海竹介
脚本／井上梅次　宮川一郎
出演／大川橋蔵　片岡千恵蔵　高千穂ひづる　大坂志郎
大友柳太朗　天津敏　新城みち子　神戸瓢介 ほか

東映時代劇末期の映画。博徒ややくざに支配された関八州を舞台に、無法地帯の悪を退治するという大川橋蔵、片岡千恵蔵、大友柳太朗の三代スター共演による娯楽大作。

67「復讐の牙」(1965年 大映)

公開／1965.06.25
企画／原田光夫　脚本／田口耕三　井上梅次
出演／田宮二郎　小山明子　滝瑛子　丸井太郎　東京子
安部徹　村上不二夫 ほか

突然戸籍を消された男が、その真相を追求するが、その前に用意された罠と誘惑。田宮二郎がスリあがりのバー・マスターに扮して事件を追う復讐の逆転劇。

68「無宿者仁義」(1965年 東映)

公開／1965.08.25
企画／大賀義文　マキノ公哉　井上梅次
脚本／井上梅次　長谷川公之
出演／高城丈二　三田佳子　根上淳　岡崎二朗　ほか

国際的なダイヤ密輸ルートを、捨て身の荒業で叩き潰す若者二人の活躍を描いたスピードとスリルのアクション。銃撃戦、殴り合いの活劇シーンに、恋、セックス、兄弟愛をも盛り込んだ高城丈二の新シリーズ。

69「黒い誘惑」(1965年 大映)

公開／1965.10.02
企画／原田光夫　脚本／井上梅次　田口耕三
出演／田宮二郎　中原早苗　江波杏子　長谷川待子
北原義郎　紺野ユカ ほか

夜間飛行の旅客機が突然空中爆発するという事件を発端に、犯人捜査に乗り出す航空会社の調査官と、彼に迫る数々の罠がサスペンスを盛り上げていくミステリー巨篇。

70「ギャング頂上作戦」（1965年 東映）

© 松竹

公開／1965.12.18
企画／吉峰甲子夫　脚本／井上梅次　宮川一郎
出演／高城丈二　梅宮辰夫　待田京介　北条きく子
小池朝雄　城野ユキ　緑魔子　八名信夫 ほか

組織暴力団追放のあおりを受けたやくざ団体が隠匿した金の延べ棒をめぐり、三つ巴の争奪戦が凄絶に展開する暗黒街ドラマ。

71「赤い鷹」（1965年 松竹）

公開／1965.12.31
製作／今泉周男　脚本／松浦健郎　井上梅次
出演／橋幸夫　倍賞千恵子　待田京介　菅原謙二
金子信雄　原良子　河野秋武　山東昭子　北条きく子
山路義人　諸角啓二郎 ほか

ポスターに「唄に喧嘩にパンチがこもる！　イキもぴったり日本一！　橋・倍賞ゴールデンコンビの新魅力爆発！」。アクションとミュージカルの青春もの。

72「炎と掟」（1966年 松竹）

公開／1966.03.05
製作／升本喜年　脚本／井上梅次　立花明
出演／安藤昇　高千穂ひづる　中村晃子　柳沢真一
月丘千秋　菅原謙二　河野秋武　安部徹　明智十三郎
菅原文太 ほか

この前年に元暴力団組長から映画俳優へと転向した安藤昇の主演作。ポスターに「非情な男と恨むがいい！　貫禄十分！　強い男　安藤昇の鮮烈な迫力！」

73「恋と涙の太陽」(1966年 松竹)

公開／1966.07.30
製作／沢村国男　脚本／立花明　井上梅次
出演／橋幸夫　倍賞千恵子　香山美子　山東昭子
初名美香　待田京介　立原博　呉恵美子　村田知栄子
早瀬久美　柳沢真一　林家珍平　有木山太　巽仙太郎
ほか

同名の主題歌の発売月はビートルズが来日した6月と重なっており、発売と同時に大ヒット、8月半ばに100万枚のセールスとなった。

74「フォークで行こう 銀嶺は恋してる」(1966年 松竹)

公開／1966.10.29
企画／織田明　脚本／立花明　井上梅次
出演／竹脇無我　香山美子　原田糸子　宮川和子
初名美香　柳沢真一　林家珍平　藤木孝　安部徹
牟田悌三　仲子大介　田武謙三　有木山太　園江梨子
ほか

「恋と涙の大陽」の立花明と井上が共同でシナリオを執筆、井上が監督した青春もの。ビートルズ来日、マイク眞木「バラが咲いた」がヒット、カレッジフォークがブームの年だった。

75「出獄の盃」(1966年 大映)

公開／1966.12.24
企画／原田光夫　脚本／井上梅次　高久進
出演／田宮二郎　アイ・ジョージ　久保菜穂子
成田三樹夫　明星雅子　金子信雄　千波丈太郎　杉田康
北原義郎　村上不二夫　天王寺虎之助 ほか

刑期を終えて出獄した男が、麻薬中毒で死んだ妹のために、麻薬撲滅に起ち上がるという緊張したサスペンス。

76「雌が雄を喰い殺す・かまきり」(1967年 松竹)

公開／1967.02.23
製作／升本喜年　脚本／池田一朗　井上梅次
出演／岡田茉莉子　香山美子　吉村実子　加東大介
山内明　中原早苗　路加奈子　安藤孝子　露口茂
田中邦衛　内藤武敏　田中春男 ほか

「天下の快男児」の池田一朗と、井上梅次が共同でシナリオを執筆し、井上が監督したミステリー。資産家の財産を狙う美女のしたたかさを描く。撮影は新鋭笠川正夫。

© 松竹

77「激流」(1967年 松竹)

公開／1967.08.19
製作／升本喜年　脚本／井上梅次　池田一朗
出演／岩下志麻　中山仁　寺田史　勝部演之　三津田健
水戸光子　沢村貞子　真咲美岐　宮内順子　巽仙太郎
大矢市次郎 ほか

「岩下・中山コンビ」の恋愛大作！　生け花の世界で活躍する対照的な美女二人のラブストーリー。

© 松竹

78「雌が雄を喰い殺す・三匹のかまきり」(1967年 松竹)

公開／1967.10.26
製作／升本喜年　脚本／井上梅次　池田一朗
出演／岡田茉莉子　香山美子　佐藤友美　入川保則
根上淳　穂積隆信　内田朝雄 ほか

「激流」(1967) のコンビ、池田一朗と井上が共同でシナリオを執筆し、井上が監督した「雌が雄を喰い殺す・かまきり」の続編。撮影は「恋をしようよ・カリブの花」の丸山恵司。資産家の50代を狙う3人の悪女を描く。

© 松竹

© 松竹

79「釧路の夜」（1968年 松竹）

公開／1968.09.04
製作／升本喜年　樋口清　脚本／藤波敏郎
出演／栗塚旭　城野ゆき　美川憲一　朝丘雪路
小林勝彦　渡辺文雄　今井健二　諸角啓二郎　巽仙太郎
ほか

美川憲一の11枚目のシングルの同名曲をモチーフに映画化した青春歌謡＆アクションもの。美川も出演している。

© 松竹

80「恋の季節」（1969年 松竹）

公開／1969.02.21
製作／猪股堯　脚本／田波靖男
出演／奈美悦子　森田健作　入川保則　牟田悌三
月丘千秋　柳沢真一　松岡きっこ　早瀬久美　巽仙太郎
ミッキー安川　内田朝雄　今陽子　ジョージ浜野　ルイス高野
ほか

東宝の「若大将シリーズ」や「クレージー映画」の田波靖男が脚本を手掛け、昭和の歌謡曲を代表するピンキーとキラーズのヒット曲「恋の季節」が主題歌となりヒットした青春ラブロマンス。

81「夜の熱帯魚」（1969年 松竹）

公開／1969.05.17
製作／猪股堯　脚本／才賀明　井上梅次
出演／野川由美子　香山美子　松岡きっこ　奈美悦子
藤岡琢也　入川保則　広川太一郎　小山ルミ　由紀さおり
ほか

銀座のバーを舞台に演劇研究生の野川由美子が売れっ子ホステスの松岡きっこやマダムの香山美子と三つ巴の争いを繰り広げる。由紀さおりが"夜明けのスキャット"を歌っている。

82「夕陽の恋人」（1969年 松竹）

公開／1969.07.05
製作／沢村国男　脚本／石森史郎　井上梅次
出演／森田健作　尾崎奈々　岡田英次　久保菜穂子
森次浩司　巽仙太郎　黛ジュン ほか

この年デビューしたシンデレラボーイ森田健作が主演。自動車修理工とお針子のラブストーリー。

83「太陽の野郎ども」（1969年 松竹）

公開／1969.10.15
製作／小泉駿一　脚本／井上梅次
出演／目黒祐樹　香山美子　松岡きっこ　ミッキー安川
新井茂子　中川加奈　長谷川明男　伊原洋一　中村晃子
ほか

新人目黒祐樹がプロカメラマンに扮するアクションもの。ポスターのキャッチは「モーレツ野郎・目黒祐樹デビュー！」

84「美空ひばり・森進一の花と涙と炎」（1970年 松竹）

公開／1970.01.15
製作／小泉駿一 杉崎重美　脚本／井上梅次
出演／美空ひばり　森進一　林与一　尾崎奈々
島田正吾　柳沢真一　北上弥太朗　佐々木孝丸
なべおさみ　村上不二夫 ほか

井上が脚本・監督を担当。美空ひばりが森進一と組んで、お互いのヒット曲を歌い競う歌謡ものドラマ。

85「喜劇・度胸一番」(1970年 松竹)

公開/ 1970.04.25
製作/瀬島光雄　脚本/井上梅次
出演/財津一郎　岡田茉莉子　中川加奈　伴淳三郎
久里千春　三笠れい子　新井茂子　三原葉子　牧伸二
立原博　世志凡太　柳沢真一　ピーター　渥美清 ほか

財津一郎が、気の弱い青年とヤクザの親分を一人二役で演じる喜劇。トリオ・スカイラインやストレート・コンビなど当時の人気者の共演も。

86「花の不死鳥」(1970年 松竹)

公開/ 1970.07.01
製作/小泉駿一　沢村国男　脚本/井上梅次　石森史郎
出演/美空ひばり　井上孝雄　長谷川哲夫　ほか
特別出演/橋幸夫　ディック・ミネ　高橋圭三　石坂浩二

「ひばり・橋の　花と喧嘩」、「美空ひばり・森進一の花と涙と炎」に続く、美空ひばり主演歌謡映画。美空ひばりは雪まつりで賑わう札幌のクラブのマダム役を演じる。

87「人間標的」(1971年 松竹)

公開/ 1971.09.15
原作/藤原審爾　製作/上村力　脚本/井上梅次
出演/若林豪　山崎努　香山美子　尾崎奈々
太地喜和子　目黒祐樹　中川加奈　神田隆　安部徹
巽仙太郎 ほか

原作は藤原審爾の『新宿警察　復讐の論理』より。刑務所を脱獄し、恋人の気持ちまで奪った男に復讐しようとする男。

88 美空ひばり芸能生活二十五周年記念映画「ひばりのすべて」（1971年 東宝）

公開／1971.11.20
製作／椎野英之　吉澤茂渡司　馬場和夫
酒井肇　加藤喜美枝　脚本／井上梅次
出演／美空ひばり　加藤喜美枝　香山武彦　北島三郎
林与一　真帆志ぶき　高橋圭三　遠藤周作　ほか
ナレーター／小林大輔

芸能生活25周年を記念しての人間ドキュメント。昭和46年5月の四国公演に始まり、6月の新宿コマ、7月の帝劇の両記念公演や彼女の私生活を追う。

89「可愛い悪女」（1971年 松竹）

公開／1971.11.13
製作／織田明　脚本／井上梅次
出演／范文雀　森次浩司　生田悦子　中丸忠雄
滝田裕介　仲子大介　宮川和子 ほか

カーセックスやモーテルといった、当時の風俗を積極的に取り入れたストーリーを台湾籍の女優・范文雀が演じる。キャッチは「范文雀の唇が妖しく誘う　セクシアルサスペンスへの招待」

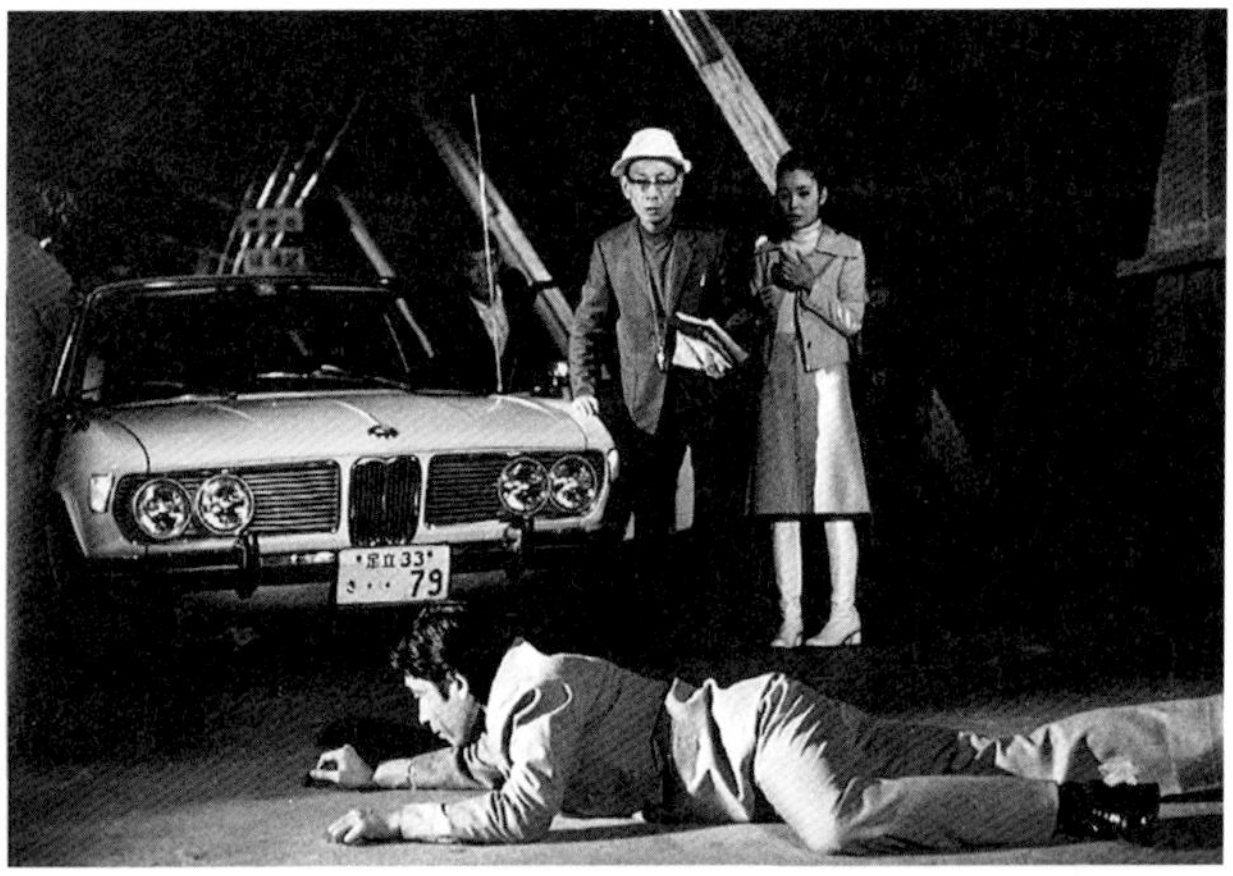

90「可愛い悪女・殺しの前にくちづけを」（1972年 松竹）

公開／1972.02.23
製作／瀬島光雄　脚本／井上梅次
出演／范文雀　森次浩司　入川保則　藤村有弘
巽仙太郎　槙摩耶　赤座美代子 ほか
特別出演／財津一郎　フランキー堺

「可愛い悪女」シリーズ第2作。前作はカメラマン役、本作は売れっ子の花形歌手役と設定は異なる。

91「男じゃないか・闘志満々」（1973年 松竹）

公開／ 1973.02.10
製作／瀬島光雄　脚本／井上梅次
出演／フランキー堺　森田健作　森昌子　沖雅也
新藤恵美　早瀬久美　森次浩司　牟田悌三　鳳八千代
坂上二郎 ほか

当時の国民的人気の青春スター森田健作主演で、警視庁剣道名誉師範の造反息子を中心に、それぞれの恋の悩みや、人生の悩みを喜劇タッチで描く。

92「怒れ毒蛇・目撃者を消せ」（1974年 松竹）

公開／ 1974.02.16
製作／瀬島光雄　脚本／井上梅次
出演／田宮二郎　山本陽子　汪萍　奈良富士子　高強
司美智子　中丸忠雄　渡辺文雄　森次晃嗣　加島潤
ほか

コブラの異名を持つ刑事が、殺人事件の捜査をしながら、恩人の復讐を果たすまでを描くアクション映画。キャッチは「国際シンジケートに挑戦する不敵な奴！」

93「夜霧の訪問者」（1975年 松竹）

公開／ 1975.10.10
原作／結城昌治　企画／平田崑
製作／瀬島光雄　脚本／井上梅次
出演／島田陽子（二役）　森田健作　栗塚旭　清水章吾
南原宏治　北浦昭義　クロード・チアリ ほか

原作は結城昌治の『描かれた女』。殺人事件に巻き込まれた美貌のカメラマンを描いたサスペンス映画。

94「撃たれる前に撃て！」（1976年 松竹）

公開／1976.06.26
製作／瀬島光雄　脚本／井上梅次
出演／田宮二郎　山本陽子　松坂慶子　ジャネット八田
田口久美　中丸忠雄　磯野洋子　玉川伊佐男　岡田英次
安部徹　渥美国泰　速水亮　蟹江敬三 ほか

“刑事コブラ”シリーズ第2作目。前科者にコブラと恐れられている冷徹な刑事の活躍を描くアクション映画。

95「嵐を呼ぶ男」（1983年 東宝＝ジャニーズ事務所）

公開／1983.08.04
原作／井上梅次　製作／小倉斉　ジャニー喜多川
脚本／播磨幸児　井上梅次
出演／近藤真彦　田原俊彦　野村義男　坂口良子
白川由美　相田寿美緒　フランキー堺　中尾彬
あおい輝彦　植草克秀　おりも政夫 ほか

音楽業界を背景に、一人のドラマーとしての大いなる夢、ライバルとの熱い友情、母親との葛藤、マネージャーとの愛を描く。石原裕次郎主演で大ヒットした同名作のリメイクで近藤真彦が演じる。

96「TOSHI in TAKARAZUKA Love Forever
ラブ・フォーエバー」
（1983年 東宝＝ジャニーズ事務所）

公開／1983.08.04
企画・製作／メリー喜多川
製作・ショー監督・ショー構成／ジャニー喜多川
製作／小倉斉　構成・監督／井上梅次
出演／田原俊彦　錦織一清　東山紀之　植草克秀
野村義男　近藤真彦 ほか

1983年1月、デビュー4年を迎えた田原俊彦が東京宝塚劇場で行った2日間にわたるコンサートの模様を、リハーサル風景、スタッフとの打ち合わせ、トレーニングの様子などを交えて描く。

97「あいつとララバイ」 (1983年 東宝＝ジャニーズ事務所)

公開／1983.12.24
原作／楠みちはる
製作／ジャニー喜多川　小倉斉　瀬島光雄
脚本／井上梅次
出演／錦織一清　東山紀之　植草克秀　秋吉久美子
三原順子　篠田三郎　樹由美子（麻生祐未）　ほか

少年マガジン連載中の楠みちはる原作の同名漫画の映画化で、バイクに夢中な男子高校生を主人公に多感な年頃の男女高校生の姿を描いた学園ドラマ。

98「絶唱母を呼ぶ歌　鳥よ翼をかして」（1985年）

公開／1985.06.20
製作／日本人妻自由往来実現運動の会　日本人妻里帰り運動後援会
企画／池田文子　製作／池田文子　沼田芳造
脚本／井上梅次
出演／沖田浩之　坂上味和　柳生博　萩尾みどり
藤巻潤　新藤恵美　二木てるみ　月丘千秋　真夏竜
中田博久　永末英一（民社党）ほか

北朝鮮への帰還事業で朝鮮人の夫とともに北朝鮮に渡った日本人やその子供は数千人に上る。夢の国と言われて海を渡った人々をテーマとした映画。

99「暗号名　黒　猫　を追え！」 (1987年 プロダクションU)

企画／上佐忠彦
製作／千葉哲也　沼田芳造　船津英恒
脚本／河田 徹（井上梅次）
出演／柴俊夫　榎木孝明　国広富之　高岡健二
田中美佐子　伊吹剛　中島ゆたか　音無眞喜子
木村弓美　本郷功次郎　荒木茂　眞夏竜吾　ほか

“B 連邦スパイ”と“北方共和国”工作員たちの日本での工作活動と、それを阻止しようとする日本の公安警察の暗闘。スパイ防止法制定を推進する議員たちの後押しで作られた。

香港作品

1966年から1971年までの5年間で17本のショー・ブラザーズ作品を生み出す。ビザの問題で1年に3カ月のみの短い滞在だったが、その期間に2本分の撮影をこなした。
香港での撮影が10本、俳優・スタッフが来日しての撮影が7本。通訳を介しての撮影だったが、合理主義の井上スタイルは、香港映画の前時代的な演出と非効率的な製作プロセスを改革した。

「香江花月夜」(1967年 ショー・ブラザーズ)

公開／ 1967.02.08
製作／邵逸夫　脚本／井上梅次

出演／何莉莉　鄭佩佩　秦萍　陳厚　凌雲　蔣光超　金霏　田豊 ほか

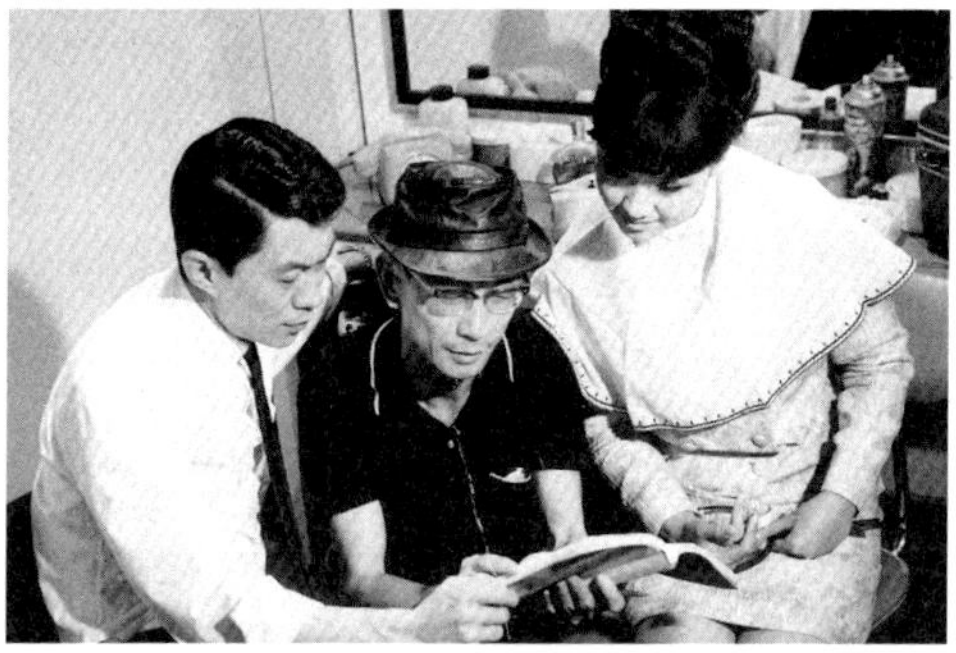

「諜網嬌娃」(1967年 ショー・ブラザーズ)

公開／ 1967.04.27

製作／邵仁枚　脚本／井上梅次

出演／鄭佩佩　張沖　黄宗迅　金霏　趙心妍　潘迎紫　田豊　彭鵬
李昆　顧文宗 ほか

「青春鼓王」(1967年 ショー・ブラザーズ)

公開／ 1967.11.16

製作／邵逸夫　脚本／井上梅次
出演／凌雲　何莉莉　于倩　楊帆　高寶樹　陳鴻烈　魏平澳　張佩山
鄭文静 ほか

「花月良宵」(1968年 ショー・ブラザーズ)

公開/ 1968.01.29

製作/邵仁枚　脚本/井上梅次

出演/李菁　陳厚　張燕　林玉　于倩　陳鴻烈 ほか
特別出演/何莉莉　邢慧　秦萍

「諜海花」(1968年 ショー・ブラザーズ)

公開/ 1968.12.21

製作/邵逸夫　脚本/井上梅次
出演/何莉莉　陳厚　丁珮　林智勇 ほか

「釣金亀」(1969年 ショー・ブラザーズ)

公開/ 1969.05.12

製作/邵仁枚　脚本/井上梅次

出演/何莉莉　秦萍　丁珮　陳厚　于倩　金峰　何藩　林智勇　馬海倫
顧文宗 ほか

「青春萬歳」(1969年 ショー・ブラザーズ)

公開/ 1969.08.27

製作/邵仁牧　脚本/井上梅次
出演/丁珮　林沖　趙心妍　高岑　黄莎莉　新井茂子　馬笑英
巽仙太郎ほか

「女校春色」(1970年 ショー・ブラザーズ)

公開／1970.02.18

製作／邵逸夫　脚本／井上梅次

出演／李菁　陳厚　秦恵玲　丁茜　伊美　歐陽莎菲　沈雲　顧文宗
巽仙太郎　村上不二夫 ほか

「遺産伍億圓」(1970年 ショー・ブラザーズ)

公開／1970.03.19
原作／井上梅次　製作／邵逸夫　脚本／井上梅次
出演／邢慧　汪萍　金峰　二本柳寛　巽仙太郎　仲子大介　津田駿
中田耕二 ほか

「青春戀」(1970年 ショー・ブラザーズ)

公開／1970.05.29
製作／邵逸夫　汪曉嵩　王立山
脚本／井上梅次
出演／胡燕妮　楊帆　虞慧　石天　巽仙太郎　青山宏　仲子大介
岡田光広 ほか

「女子公寓」(1970年 ショー・ブラザーズ)

公開／1970.11.20
製作／邵逸夫　脚本／井上梅次
出演／丁珮　楊帆　李麗麗　郭曼娜　歐陽莎菲　夏萍　丁茜　北竜介
巽仙太郎 ほか

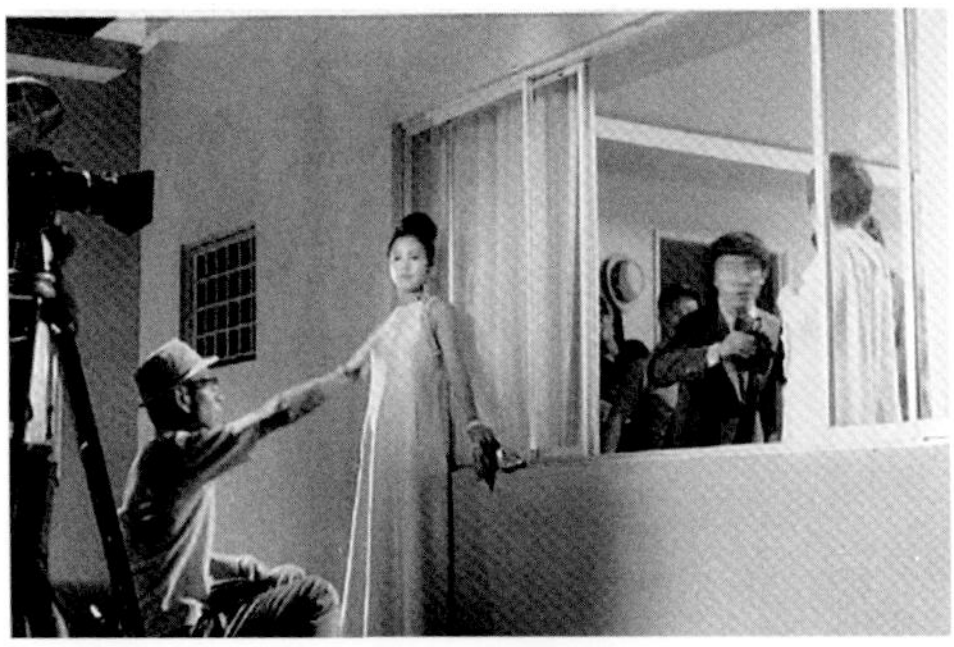

「鑽石艶盗」(1971年 ショー・ブラザーズ)

公開／ 1971.02.25
製作／邵逸夫　申相玉　脚本／井上梅次
出演／何莉莉　凌雲　朴芝賢　ツイスト金　崔芝淑　李昆 ほか

「五枝紅杏」(1971年 ショー・ブラザーズ)

公開／ 1971.04.16
製作／邵仁枚　脚本／井上梅次

出演／林嘉　虞慧　黄莎莉　孟加　白璐　丁鳳 ほか

「齊人樂」(1971年 ショー・ブラザーズ)

公開／ 1971.06.11
製作／邵逸夫　脚本／井上梅次
出演／金峰　歐陽莎菲　陳依齡　石天　于楓　邢慧　顧文宗　黄乃禧 ほか

「我愛金龜婿」(1971年 ショー・ブラザーズ)

公開／ 1971.08.18
製作／邵仁枚　脚本／井上梅次
出演／何莉莉　凌雲　陳依齡　崔芝淑　ツイスト金　林智勇　朴芝賢　李昆　藤尾純 ほか

「夕陽戀人」(1971年 ショー・ブラザーズ)

公開／1971.11.19
製作／邵逸夫　脚本／井上梅次
出演／井莉　秦沛　田豊　歐陽莎菲　潘愛倫　凌雲 ほか

「玉女嬉春」(1972年 ショー・ブラザーズ)

公開／1972.01.15
製作／邵逸夫　脚本／井上梅次
出演／丁珮　陳依齡　沈依齡　顧文宗　宗華　秦沛　凌玲　孫嵐
楊志卿　章恒 ほか

テレビ演出作品

（テレビドラマデータベースより　脚本のみの作品は除く）

松竹株式会社（松竹）、テレビ朝日（ANB）原作　江戸川乱歩
『氷柱の美女』　1977/08/20
『浴室の美女』　1978/01/07
『死刑台の美女』　1978/04/08
『白い人魚の美女』　1978/07/08
『黒水仙の美女』　1978/10/14
『妖精の美女』　1978/12/30
『宝石の美女』　1979/01/06
『悪魔のような美女』　1979/04/14
『赤いさそりの美女』　1979/06/09
『大時計の美女』　1979/11/03
『桜の国の美女』　1980/04/12
『エマニエルの美女』　1980/10/04
『魅せられた美女』　1980/11/01
『五重塔の美女』　1981/01/10
『鏡地獄の美女』　1981/04/04
『白い乳房の美女』　1981/10/03
『天国と地獄の美女』　1982/01/02
『化粧台の美女』　1982/04/03
『湖底の美女』　1982/10/23

『特捜最前線』ANB　1977/04/06 ～ 1987/03/26　全509回
東映（東京撮影所）、ANB
演出（27）（41）
二谷英明、藤岡弘、大滝秀治　ほか

『白い荒野』TBS　1977/10/07 ～ 1978/03/31　全26回
国際放映、TBS
演出（6）（7）（16）（17）（24）（25）
田宮二郎、松原智恵子　ほか

『大空港』CX　1978/07/24 ～ 1980/03/24　全78回
松竹株式会社（松竹）、フジテレビ（CX）
演出（1）（4）（5）（7）（9）（22）
鶴田浩二、中村雅俊）、緒形拳、片平なぎさ、田中邦衛　ほか

『ザ・スーパーガール』12CH　1979/04/02 ～ 1980/03/17　全51回
東映（26）-（51）、東京 12 チャンネル（1）-（51）
演出（1）（2）（7）（12）（16）（17）（29）（30）（35）（43）（46）
野際陽子、山本リンダ、牧れい、樹れい子、泉じゅん　ほか

『必殺仕事人』　ABC　1979/05/18 ～ 1981/01/30　全84回
松竹株式会社（松竹）、朝日放送（ABC）
演出（65）（67）（74）（81）

『女』　NTV　1957/05/08 ～ 06/12
月丘夢路主演の一話完結ドラマシリーズ。全 13 回の予定で開始されたが、月丘の映画出演のため6回で終了。1話・貞淑な女、2話・サイコロを振る女、3話・だまされた女、4話・足を洗う女、5話・三味線をひく女、6話・退屈した女

『東京の幽霊』NTV 1959/10/14　ヤシカゴールデン劇場
森雅之、月丘夢路、江川宇礼雄（江川宇禮雄）ほか

『特捜記者』KTV　1974/04/03 ～ 1974/09/25　全26回
松竹株式会社（松竹）、関西テレビ放送（KTV）
演出（8）（9）（14）（15）（23）
芦田伸介、近藤正臣、谷啓　ほか

『さらば浪人』　CX　1976/04/05 ～ 1976/09/27　全25回
勝プロダクション、CX
演出（20）
藤田まこと、中村玉緒　ほか

『白い秘密』TBS　1976/10/01 ～ 1977/04/01　全25回
松竹株式会社（松竹）、TBS
演出（1）（2）（3）（6）（7）（10）（11）（12）（15）（16）（19）（20）（21）（24）（25）
田宮二郎、片平なぎさ　ほか

土曜ワイド劇場
天知茂演じる明智小五郎が活躍する「美女シリーズ」ANB　全 25 作のうち 19 作品を演出（↖）

『お命頂戴！』TX　1981/10/07～1981/12/30　全13回
TX
演出（1）（3）（12）
片岡孝夫（片岡仁左衛門）、ハナ肇、新藤恵美、伊吹吾郎　ほか

『赤かぶ検事奮戦記II』ABC　1981/11/27～1982/02/26　全13回
松竹株式会社（松竹）、朝日放送（ABC）
演出（9）（11）
フランキー堺、片平なぎさ、森田健作　ほか

『おんな霧隠才蔵　戦国忍者風雲録』CX　1982/03/26　時代劇スペシャル
松竹株式会社（松竹）、フジテレビ（CX）
浅野ゆう子、金田賢一、高松英郎、岡本富士太　ほか

『ザ・ハングマンII』ABC　1982/06/04～1982/12/24　全28回
松竹芸能、ABC
演出（17）（20）
黒沢年男、名高　達郎、植木等、山村聰、夏樹陽子　ほか

『新・必殺仕舞人』ABC　1982/07/02～1982/09/24　全13回
松竹株式会社（松竹）、朝日放送（ABC）
演出（3）（4）（9）（10）
京マチ子、高橋悦史、本田博太郎、西崎みどり　ほか

『変装探偵II』ANB　1982/08/07　土曜ワイド劇場
東映、ANB
山城新伍、あべ静江、渡部絵美、梅宮辰夫、仲谷昇　ほか

『Gメン82』TBS　1982/10/17～1983/03/13　全17回
近藤照男プロダクション、TBS
演出（7）
丹波哲郎、篠田三郎、三浦浩一、清水健太郎、若林豪、范文雀　ほか

『右門捕物帖』NTV　1982/11/23～1983/09/06　全33回
ユニオン映画、杉友プロダクション
演出（20）
杉良太郎、岡本信人、伊東四朗、高見知佳、所ジョージ、下川辰平　ほか

『幻の女を探せ』NTV　1983/07/26　火曜サスペンス劇場
NTV
樋口可南子、川崎麻世、谷隼人、フランキー堺、奈良富士子　ほか

『新ハングマン』ABC　1983/07/29～1984/02/10　全26回
藤田まこと、伊吹吾郎、中村鴈治郎、山田五十鈴、菅井きん　ほか

『鮮やかな完全犯罪・女相続人』ANB　1979/12/08　土曜ワイド劇場
松竹株式会社（松竹）、テレビ朝日（ANB）　原作　南条範夫「からみ合い」より
岡田茉莉子、小沢栄太郎　ほか

『ミラクルガール』12CH　1980/03/24～1980/07/28　全19回
東映、12CH
演出（7）
由美かおる、藤田美保子、岡田真澄、ホーン・ユキ　ほか

『ザ・ハングマン　燃える事件簿』ABC　1980/11/14～1981/11/06　全51回
松竹芸能、朝日放送（ABC）
演出（1）（2）（13）（14）（51）
林隆三、黒沢年男、名高達郎、植木等、あべ静江　ほか

『必殺仕舞人』ABC　1981/02/06～1981/05/01　全13回
松竹株式会社（松竹）、朝日放送（ABC）
演出（12）（13）
京マチ子、本田博太郎、高橋悦史、戸浦六宏　ほか

『闇を斬れ』KTV　1981/04/07～1981/09/29　全26回
松竹株式会社（松竹）、関西テレビ放送（KTV）
演出（4）
天知茂、坂口良子、山城新伍　ほか

『斬り捨て御免！　第2シリーズ』12CH　1981/04/08～1981/09/16　全24回
歌舞伎座テレビ、12CH
演出（12）
中村吉右衛門、岩井友見、北川恵　ほか

『新・必殺仕事人』ABC　1981/05/08～1982/06/25　全55回
松竹株式会社、朝日放送（ABC）
演出（5）（8）
藤田まこと、山田五十鈴、三田村邦彦、中条きよし　ほか

『変装探偵！』ANB　1981/09/05　土曜ワイド劇場
東映、ANB
山城新伍、秋野暢子、早乙女愛、坂上二郎、野際陽子　ほか

『養子探偵団』ABC　1986/12/20　土曜ワイド劇場
松竹株式会社（松竹）、朝日放送（ABC）
フランキー堺、あべ静江、上村香子、横山ノック、三崎奈美　ほか

『ザ・ハングマン6』ABC　1987/02/20～1987/06/05　全15回
松竹芸能、ANB
演出（5）（6）
名高達郎、梅宮辰夫、鮎川いずみ、川野太郎、稲川淳二　ほか

『ハングマンGOGO』ABC　1987/06/12～1987/09/25　全16回
松竹芸能、ABC
演出（1）（3）（8）
渡辺徹、鮎川いずみ、梅宮辰夫、稲川淳二、川野太郎　ほか

『幻の船連続殺人』ANB　1988/03/19　土曜ワイド劇場
ANB
三浦友和、笑福亭鶴瓶、山咲千里、入川保則、藤岡重慶　ほか

『水中バレエ殺人事件』ABC　1988/08/20　土曜ワイド劇場
松竹芸能、ABC
佳那晃子、萩原流行、江波杏子、岡本広美、朝比奈順子　ほか

『赤川次郎の盗みは人のためならず』ANB　1989/03/18　土曜ワイド劇場
杉良太郎、烏丸せつこ、宮川一朗太、谷幹一　ほか

『尼さん探偵名推理・釣り鐘から死体！破戒尼トリオ危機一髪!!』ABC　1989/04/15　土曜ワイド劇場
PDS、ABC
浜木綿子、大場久美子、中条きよし、三島ゆり子、松原智恵子　ほか

『尼さん探偵名推理・墓地に幽霊！釣鐘に死体？色即是空殺人事件』ABC　1990/10/20　土曜ワイド劇場
PDS、ABC
浜木綿子、中条きよし、なべおさみ、梅津栄、三島ゆり子　ほか

松竹芸能、ABC
演出（15）（16）
名高達郎、山城新伍、早乙女愛、小林竜一、平田昭彦　ほか

『京都㊙指令　ザ新選組』ABC　1984/02/17～1984/05/18　全13回
松竹株式会社、朝日放送（ABC）
演出（2）（6）
古谷一行、春川ますみ、甲斐智枝美、京本政樹　ほか

『大江戸捜査網　第3シリーズ（第229回・通算第638回）泣き笑い清次郎隠し子騒動』TX　1984/03/17
ヴァンフィル、TX
松方弘樹、瑳川哲朗、南条弘二、清原美華、夏樹陽子　ほか

『夫婦ねずみ今夜が勝負』TX　1984/04/17～1984/07/03　全12回
ミナアバ、歌舞伎座テレビ
演出（10）
堺正章、岩井友見、若林豪、中村明美、江藤潤　ほか

『ザ・ハングマン4』ABC　1984/09/21～1985/04/05　全25回
松竹芸能、ABC
演出（7）（14）（16）（17）
名高達郎、フランキー堺、佐藤浩市、植木等、渡辺祐子　ほか

『罠の中の人魚』NTV　1985/08/20　火曜サスペンス劇場
NTV
白都真理、夏樹陽子、原田大二郎、三ツ木清隆　ほか

『赤かぶ検事奮戦記IV』ABC1985/11/15～1986/01/31　全10回
松竹株式会社（松竹）、朝日放送（ABC）
演出（4）（7）
フランキー堺、星野知子、小倉一郎、春川ますみ、竹内力　ほか

『ザ・ハングマンV』ABC　1986/02/07～1986/08/22　全27回
松竹芸能、ABC
演出（14）（18）（19）（21）－（23）
山本陽子、佐藤浩市、火野正平、土屋嘉男、松下一矢、秋野太作　ほか

『女ふたり捜査官』ABC　1986/08/29～1987/02/13　全20回
テレパック、朝日放送（ABC）
演出（11）（20）
丘みつ子、樹木希林、芦田伸介、塩野谷正幸、柳沢慎吾　ほか

エピローグ

井上監督である父と私

井上梅次と月丘夢路、映画やテレビの世界で多忙をきわめる監督・脚本家である父と女優の母との間に生まれた私は両親不在の家で育ちました。唯一の肉親は祖母で、そのほかは、乳母、他に料理担当のお手伝いさん、掃除担当のお手伝いさん、秘書一名、付き人さん二名、父と母のそれぞれの運転手さん、書生さん二名がひとつ屋根の下に一緒に暮らす大所帯でした。ご飯を炊くにも一升炊きの大きな釜で炊いていました。両親とも、一～二ヵ月も顔を見ない事もありました。

映画の仕事がそうであるように、家庭での指揮はすべて父がとっていました。母はその舞台の上で、あっけらかんと、天真爛漫に美しく、笑っていました。だから私は優しい母が大好きで、父の事は怖くて苦手でした。父には礼儀作法にご挨拶、物事の善悪、人間としてのあり方を小さい頃から徹底的に厳しく教えられました。

父は、母には優しい母親の役割をさせ、自分は規律を重んじて、きちんとした家庭を築くための厳しい役割を一手に引き受けたのだと思います。

父は亡くなる十年も前から、死ぬための準備をしていました。自分がいなくなってから、母と私、そして周りの人々が安心して暮らせるように、膨大な時間を費やしてあらゆる準備をしていました。六冊のファイルを作り、三〇〇ページにわたり、家の事やらその後の事を書き記していました。そのひとつのファイルには、「万が一の時の措置」と題して、死亡届の出し方に始まり、葬儀社の候補、郵便物の処理の仕方、保険・加入している協会の連絡先・ゴルフ会員権などの事、お墓や菩提寺の事、重要書類と印鑑の置き場所を絵入りで説明してあり、亡くなった時に連絡してほしい人たちの電話番号、遺影の写真のネガの保存場所、京都の菩提寺のご住職と相談した自分の戒名(母のものまで)など、きちんとまとめて、母用、私用と二部ありました。ここにはすべてが記されていて、残された私達が困る事は何もありませんでし

©立木義浩（立木義浩写真事務所）
『家庭画報』（世界文化社刊）2009年8月号より

た。じっくりと見て、その内容と思いの深さに圧倒されました。生前、そのファイルの内容を説明したいから時間を作るよう、再三言われていたのに、多忙を理由に、一度もその機会を持たなかったことを後悔しています。

戦後の混乱期、父は貧しい下宿生活を送りながら映画の世界に入り、助監督として多忙を極めながら、大学を卒業しました。懸命の努力を続けて仕事には恵まれましたが、その過程でお世話になった方々への感謝の念を忘れず、若い苦学生の世話もし続けてきました。残されたファイルにもそういう方々への心遣いも残されていました。

父は、母がどこに居ても、必ず、一日一回電話をして母を気遣っていました。いつも電話口では「君の方は、大丈夫ですか?」「何か変わった事はありませんか?」「身体は大丈夫?無理しないようにしてください」。母にも私にも、会話の中で「〜してください」という言葉遣いを多用する人でした。そして、私から電話をすると最後に必ず「ありがとう」と。誰にでも、よく「ありがとう、ありがとう」と言っていた姿が、浮かんできます。いつも周りの人の幸せの事ばかり考えて、自分の事はいちばん後回しにしていました。もっと自分に甘く、もっと楽をすればよかったのに、と思います。人間の良い所、素敵な所、いい仕事ぶり、そして才能や良心を探すのが得意でした。出会った人、仕事をした人、話をした人、画面で見た人が、こんな風に素敵だった、こんな風にすばらしい……と、得意げに、嬉しそうに母と私に話していました。私は父と関わりのあった皆様に、限りない感謝と尊敬の念を抱いております。父の思いを引き継ぎながら、井上・月丘映画財団を、育て、守っていきたいと思っております。最後に井上梅次のプライベートな姿をお伝えし、締めの言葉とさせていただきます。

令和5年　一般財団法人　井上・月丘映画財団　代表理事　井上絵美

参考資料

『窓の下に裕次郎がいた』井上梅次著　文藝春秋
文藝春秋 1958 年 3 月号「明日は明日の風が吹く」石原裕次郎
『わが青春物語』石原裕次郎　マガジンハウス
『私は女優』浅丘ルリ子著　日経 BP マーケティング（日本経済新聞出版）
『女優　浅丘ルリ子　咲き続ける』主婦の友社
『鶴田浩二』杉井 輝応著　セイントマークス
『田宮二郎、壮絶！―いざ帰りなん、映画黄金の刻へ』　升本喜年　清流出版
『美空ひばり 最後の真実』西川昭幸　さくら舎
『虹になりたい―歌の道一筋に生きる』雪村いづみ　潮出版社
『日活 1954~1971 映像を創造する侍たち』日活　ワイズ出版
『アクションの華麗な世界』渡辺武信　未来社
『伝・日本映画の黄金時代』児玉英生　文藝春秋
『日活 昭和青春記 日本でもっとも長い歴史をもつ映画会社の興亡史』松本 平 WAVE 出版
『香港・日本　映画交流史』邱淑婷　東京大学出版会
『渡辺プロ・グループ 40 年史　抱えきれない夢』
映画 .com　https://eiga.com/
KINENOTE　http://www.kinenote.com/
Allcinema　https://www.allcinema.net/
テレビドラマデータベース　http://www.tvdrama-db.com/

井上梅次《いのうえうめつぐ》　創《つく》る心《こころ》

2023年6月2日　第一刷発行

編・著　一般財団法人《いっぱんざいだんほうじん》　井上《いのうえ》・月丘映画財団《つきおかえいがざいだん》

発行者　堺　公江
発行所　株式会社　講談社エディトリアル
〒112-0013　文京区音羽1-17-18　護国寺SIAビル6F
（代表）03-5319-2171
（販売）03-6902-1022

印刷・製本　株式会社東京印書館
装丁　高木裕次（ダイナマイト・ブラザーズ・シンジケート）
本文デザイン　太田穣
編集協力　株式会社　講談社エディトリアル
校正　株式会社　KPSプロダクツ

ISBN 978-4-86677-122-9